U1014472

本书系国家社科基金一般项目“网络群体性事件及其防范和治理研究”（编号：10BZZ042）的结题成果

湖南师范大学政治学国内一流培育学科资助

学者文库

网络群体性事件及其防范和治理研究

王　敏◎著

中国社会出版社
国家一级出版社 · 全国百佳图书出版单位

图书在版编目（CIP）数据

网络群体性事件及其防范和治理研究 / 王敏著. --
北京：中国社会出版社，2020.12
ISBN 978-7-5087-6452-8

Ⅰ.①网… Ⅱ.①王… Ⅲ.①互联网络—群体性—突发事件—处理—研究—中国 Ⅳ.①D630.8

中国版本图书馆 CIP 数据核字（2020）第 226293 号

书　　名：网络群体性事件及其防范和治理研究
著　　者：王　敏

出 版 人：浦善新
终 审 人：尤永弘
责任编辑：陈贵红

出版发行：中国社会出版社　　**邮政编码**：100032
通联方式：北京市西城区二龙路甲 33 号
电　　话：编辑部：（010）58124828
邮购部：（010）58124848
销售部：（010）58124845
传　真：（010）58124856
网　　址：www.shcbs.com.cn
shcbs.mca.gov.cn
经　　销：各地新华书店

中国社会出版社天猫旗舰店

印刷装订：三河市华东印刷有限公司
开　　本：170mm×240mm　1/16
印　　张：16
字　　数：206 千字
版　　次：2020 年 12 月第 1 版
印　　次：2020 年 12 月第 1 次印刷
定　　价：95.00 元

中国社会出版社微信公众号

目　录

CONTENTS

绪　论 ………………………………………………………………… 1

第一章　网络群体性事件的内涵、特征与影响 ………………………… 28

第一节　网络群体性事件的定义 ………………………………………… 28

第二节　网络群体性事件的分类 ………………………………………… 33

第三节　网络群体性事件的特征 ………………………………………… 37

第四节　网络群体性事件的构成要素 …………………………………… 42

第五节　网络群体性事件的多重影响 …………………………………… 45

第二章　网络群体性事件产生的原因 …………………………………… 54

第一节　社会急剧变革引发的各种效应是网络群体性事件产生的现实根源 ………………………………………………………………… 54

第二节　网络意见领袖和关键帖子是网络群体性事件爆发的重要催化因素 ………………………………………………………………… 56

第三节　网络的技术优势为网络群体性事件的放大提供了条件 …… 58

第四节　网民的心理与行动是网络舆论的重要演化动力 ……………… 61

第五节　领导干部应对新媒体能力薄弱是网络群体性事件产生的直接原因 ………………………………………………………………… 63

第六节　网络媒体为争夺眼球与第一发布时间导致网络群体性事件频发 ………………………………………………………………… 65

第七节　属地管理的体制难以有效治理跨越时空的网络群体性事件 … 67

第八节　互联网正在成为国际意识形态斗争的一个主要战场 ……… 70

第三章　网络群体性事件的形成机理 …………………………………… 73
第一节　网络群体性事件议题的涌现 ………………………………… 74
第二节　意见领袖、网络媒体、传统媒体的选择性关注与议程设置 … 81
第三节　网络媒体、传统媒体和网络民意的协同与互动形成巨涨落 … 84
第四节　网络群体性事件演化博弈的分形与消解 ……………………… 92
第四章　网络群体性事件呈现的规律 …………………………………… 104
第一节　网络群体性事件的眼球效应 ………………………………… 104
第二节　网络群体性事件的羊群效应 ………………………………… 110
第三节　网络群体性事件的首因效应 ………………………………… 112
第四节　网络群体性事件的蝴蝶效应 ………………………………… 114
第五节　网络群体性事件的操控效应 ………………………………… 118
第六节　网络群体性事件的马太效应 ………………………………… 122
第七节　网络群体性事件的极化效应 ………………………………… 124
第八节　网络群体性事件的共振效应 ………………………………… 127
第五章　网络群体性事件的防范 ………………………………………… 130
第一节　高度重视网络群体性事件防范和治理的新要求 ……………… 130
第二节　提高网上执政能力防范网络群体性事件 ……………………… 135
第三节　走网上群众路线防范网络群体性事件 ………………………… 141
第六章　网络群体性事件的治理对策 …………………………………… 151
第一节　网络群体性事件的治理原则 ………………………………… 151
第二节　构建网络群体性事件实时治理的运行机制 …………………… 160
第三节　网络群体性事件的应对技巧与策略 ………………………… 172
结　语 ……………………………………………………………………… 193
附　录 ……………………………………………………………………… 197
参考文献 …………………………………………………………………… 228

绪 论

互联网正在深刻地改变着我们的生活。作为思想文化信息的集散地和社会舆论的放大器，网络已成为社会舆论最重要的策源地，民意借助网络得以表达和宣泄。借助互联网，一个普通人就有可能做到“一呼百万应”，一件小事情在很短的时间内可能高倍放大为全国性事件。作为一把“双刃剑”，网络既是表达社情民意、发挥社会监督作用的很好平台，也是传播不良信息、谣言和宣泄不满情绪的新工具。我们的研究主要关注这一现象——网络群体性事件。

本书所称网络群体性事件，是指大批网民通过有线和无线网络，针对特定公共事务和社会现象，在线广泛参与讨论、集中发表意见，在较短时间内对网络虚拟空间乃至现实世界造成较大社会影响的事件。

一、问题的提出与选题的意义

2019 年 6 月，我国网民规模达 8.54 亿，手机网民规模达 8.47 亿。① 随着网络空间的爆料与现实事件的交织涌现，网民的表达意愿和参与意识的持续高涨，网上关注和舆论炒作此起彼伏，网络群体性事件

---

① 中共中央网络安全与信息化委员会办公室，中华人民共和国互联网信息办公室．第 44 次中国互联网发展状况统计报告［R/OL］．2019－08－30.

不断发生。《瞭望》新闻周刊一度把网络群体性事件应对不力的情形描述为基层党组织“进不去”，思想政治工作“进不去”，公安、武警等国家强制力“进不去”的窘境。① 具体而言，网络群体性事件呈现出如下特点。

（一）网络群体性事件引发源头增多，舆论环境更趋复杂

社会急剧转型，越来越多的网民通过网络来表达利益和诉求。从涉及地域来看，各省直部门、各市州、各县市区，都成为网络群体性事件的关注点和发舆源地，而且呈现出向基层扩张的趋势。从行业领域来看，环境保护、医疗卫生、安全生产、金融证券、交通运输、城市建设等领域，特别是与百姓生产生活密切相关的行业，是最主要的网络群体性事件策源地和敏感带。从参与主体来看，过去上网反映诉求的往往是困难群体，现在已经扩散到包括体制内人士的更多群体和职业。从引发网络群体性事件的来源看，大到自然灾害、群体性事件，小到个人诉求、情绪发泄，都有可能在网上引发轩然大波。

（二）微博的媒体功能凸显，成为网络群体性事件的重要策源地

2011 年是“微博年”，微博快速发展，用户达 3 亿，且因其发生快、传播快、牵涉面广，一跃成为网络群体性事件的重要策源地，其媒体功能进一步凸显。2015 年以前商业网站没有新闻采写资质，但微博发布新闻的媒体功能正好填补了这一空白。在网络群体性事件中，微博的媒体功能甚至可以与传统媒体直接叫板。就全国来说，一些大的网络群体性事件，如郭美美事件、上海地铁追尾、微博打拐、江西抚州爆炸案等，都是由微博首发，继而引起了媒体和网民的强烈关注。上海地铁追尾等事件，有关当事人都通过微博发布信息，产生了或正面或负面的

---

① 代群，郭奔胜，季明，等. 应对“网上群体性事件”新题［J］. 瞭望新闻周刊，2009（22）：10－12.

舆论影响。从微博的特点分析，每条微博140个字的容量，碎片化的信息，倾向性明显，猎人眼球的关键词为表达重点，片面化、猎奇、浮躁、盲目成为微博舆论的最大特色。甚至连一些官方背景的机构和人士也借助互联网发声，力图解决现实问题。

（三）网上网下互动频繁，网络群体性事件的对抗性有所增强

现今，网络群体性事件越来越多转变为现实生活中的群体性事件，不断呈现出“上网发帖，下网聚集”“线上骂街，线下游街”“网上泄愤，网下滋事”的景象，网上非理性行为对现实非理性行为的诱发作用越发明显，矛盾的对抗性加剧。江西抚州爆炸案，当事人网上诉求无果，最终选择了玉石俱焚的暴力方式。

（四）网络媒体和传统媒体互动加深，网络群体性事件防治难度加大

网络群体性事件已经呈现出“螺旋式”急剧扩散形式。即最初由发布于网络社区的几篇零碎帖子诱发，事件受关注后得到微博的关注与发散，传统媒体对微博热点事件的迅速跟进为事件注入公信力，以门户网站为代表的网络媒体的转载与传播，使“小事件”转变为社会高度关注的“大事件”。且网民、传统媒体、新兴媒体对社会高度关注的“大事件”往往被不断深挖、爆料、炒作，使其能够持续发酵并连续放大。如今，传统媒体与新媒体的界限、差异性正在逐步消退，传统媒体与新媒体正在走向高度融合。一方面，传统媒体以传统新闻采集资源为基础，逐步向互联网同步发布转型。另一方面，无论传统媒体，抑或新媒体，均积极开放地采用对方的新闻线索和资源，并通过双方互动提升新闻事件的关注度，通过网络传播聚合放大。一些媒体和记者还把从传统媒体上积累的影响力迁移到微博平台，频频发布有关信息和言论，影

响事件的发展走向。①

由此可见，互联网带来的“网络化”“数字化”“虚拟化”正在深刻地改变着中国社会。网络在为人们提供海量信息的同时，其沟通交往、民意表达汇聚等功能，给传统的信息传播方式带来了颠覆性变革，也给国家治理带来了严峻挑战。研究网络群体性事件的内涵与特征，分析其产生的原因和形成机理，揭示其表现规律，加强网络群体性事件的防范与治理，是推进国家治理能力与治理体系现代化的重大课题。与此同时，本课题深化了网络危机传播管理的理论研究，对应对网络群体性事件具有直接的现实价值。

二、国内外研究文献综述

（一）海外研究现状

海外对中国网络群体性事件已有相当多的关注，从媒体报道的频率和学术研究的热度可见一斑。

就知名学术杂志上的研究成果而言，2011 年国际顶级期刊 *Political Communication* 刊发了中国政治群体传播专题。2014 年 Media Culture & Society 刊发了互联网与政治动员专栏。2014 年 *Information*, *Communication & Society* 刊发了中国社会的互联网、社会网络与公民参与专栏。在中国的学术期刊中，香港的《传播与社会学刊》2009 年第 9 期刊出媒介事件研究专辑，2013 年第 26 期又刊出媒体与社会抗争专题。新加坡的 *Asian Journal of Communication* 2014 年刊发了亚太地区公众和政府的媒体互动。

互联网和其他形式信息技术的使用会给中国带来潜在的社会政治结

① 王敏．从网络问责的特征与过程看新媒体的舆论监督作用［J］．当代世界与社会主义，2012（3）：189.

果和巨大的社会政治影响。[①] 但西方这些研究的政治化倾向强，往往将互联网视为与民主共生、互助的技术，直接影响政治制度和政治统治。受此影响，研究者将网络技术和中国的政治变革紧密地联系在一起，关注的中心是：在社会主义中国，互联网如何破解政府对网络的压制和操控。如美国哥伦比亚大学杨国斌教授2009年出版的著作 *The Power of the Internet in China*：*Citizen Activism Online*（《连线力——中国网民在行动》），[②] 运用多元互动的分析框架，从横向和纵向归纳了中国互联网公民运动的特点，并分析了网络时代中国民众抗争方式的变化等。这些研究的立场和许多结论并不适合中国的情况，不过仍具有一定参考价值。

郑永年教授撰写的《技术赋权：中国的互联网、国家与社会》则解释了互联网如何影响中国国家-社会关系。[③]

网络群体性事件一词，具有中国特色，国外学者一般称其为“网络抗争”“逾界斗争”。[④] 国外相关研究，一般在社会运动理论、抗争政治的理论视野下来思考、研究在互联网上兴起的“逾界斗争”。这些研究主题大都集中于斗争的具体过程、动员机制、议题建构、内在动力，研究方法上，采取实证调查与观察法为主，着重对某些具体案例的微观过程进行深入的剖析，并将西方的社会运动理论、抗争政治理论很好地融入了研究之中，得到了多种具备解释力的理论框架。

20世纪90年代，西方政治学研究者开始关注新媒体的政治含义，

---

① Zheng Y N. Technological Empowerment: The Internet, State, and Society in China [M]. Stanford: Stanford University Press, 2007: Preface, 23-24.

② Yang G. The Power of the Internet in China: Citizen Activism Online [M]. New York: Columbia University Press: 2009.

③ Zheng Y N. Technological Empowerment: The Internet, State, and Society in China [M]. Stanford: Stanford University Press, 2007.

④ Tai Z. The Internet in China: Cyberspace and Civil Society [M]. London: Routledge, 2006.

其中美国的研究尤其广泛和深入，美国学者认为新媒体，特别是互联网，不仅影响着常规政治，而且还影响着抗争政治的发展。① 不少学者认为互联网对公民进行赋权，促进了公共领域和集体行动的形成。梳理相关研究成果，发现西方研究学者主要从动员结构、政治机会、框架化工具三个维度论述网络政治抗争的内在发生机理。

其一，增加信息流，满足用户心理需求。一种解释认为互联网降低了获取信息的成本，发布信息更为便捷，信息交流的增多最终对政治参与产生正面影响。另一种认为，信息只是一种刺激源，用户会主动地选择、过滤信息，当信息符合其内在的心理偏好，产生共鸣，信息才会促使用户参与抗争政治。②

其二，促进社会网络的延伸，增加社会资本。在线活动有助于维持并强化已有的社会资本，并建立大量的弱连带关系，实现虚拟空间向现实社会的转化，可以有效地克服集体行动中的搭便车问题。

其三，形成公共舆论平台，塑造公共领域。其两个核心假设是在线讨论会反过来促进现实政治参与，在线讨论的过程是对讨论事件再框架化的一个过程。一方面，在线讨论能提升政治兴趣，提高认知水平，通过信息讨论影响政治参与；另一方面，抗争者通过互联网得以通过叙述的方式重新来构建议题，保持与抗争者的密切联系，共同讨论，找到解决问题的方法，形成认知，达成共识。互联网缩小了媒体与抗争行动者之间的不对称性，使得话语权回归公共空间，使抗争行动成为可能。

西方的研究成果以及社会运动理论对于研究中国网络群体性事件具有十分重要的借鉴意义。但是由于中国与西方互联网发展的情况，用户

---

① 黄荣贵．互联网与抗争行动：理论模型、中国经验及研究进展［J］．社会，2010，30（2）：178－197．

② 黄荣贵．互联网与抗争行动：理论模型、中国经验及研究进展［J］．社会，2010，30（2）：181．

的成熟度，互联网文化、规模、发挥的功能的不同以及在具体的网络抗争中各自的表现形态、影响的范围、作用过程、危害、作用机理等诸多差异，在研究中国的网络群体性事件时需要批判地吸收、借鉴西方的理论模式与研究工具。

（二）国内研究现状

国内 2010 年前专门研究网络群体性事件并以此为题的成果较少。经检索，较早的成果是 2007 年 9 月发表的《网络群体性事件及其防范》,① 其他的论文多发表于《瞭望》新闻周刊 2009 年 6 月 1 日刊出《应对“网上群体性事件”新题》之后。截至 2019 年 6 月，检索 CNKI 期刊学术论文，以“网络群体性事件”为题的达 463 篇，从 2008 年到 2018 年网络群体性事件学术论文的年度分布见图绪 -1。

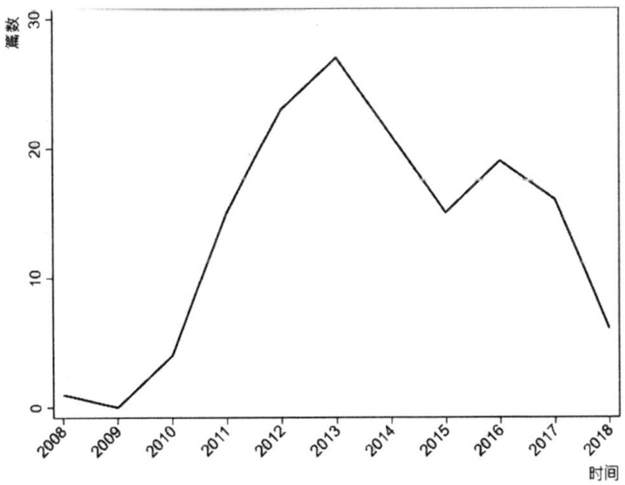

图绪 -1 网络群体性事件学术论文年度分布

---

① 揭萍，熊美保. 网络群体性事件及其防范［J］. 江西社会科学，2007（9）：238 - 242.

从CNKI期刊学术论文的学科分布看，公安学261篇，新闻与传播等130篇，公共管理学53篇，教育学40篇，社会学37篇，法学10篇，通信经济学9篇，政治学8篇，图书情报档案学3篇，信息技术学2篇，心理学1篇，环境学1篇，生态学1篇，数学学1篇。

从期刊分布看，《电子政务》12篇，《人民论坛》8篇，《法制与社会》8篇，《新闻世界》7篇，《情报杂志》7篇，《青年记者》《新闻传播》《改革与开放》均为6篇，《现代传播》（中国传媒大学学报）《领导科学》《山东行政学院学报》《湖北警官学院学报》《湖北经济学院学报（人文社科版）》《西部广播电视》均为5篇，《天水行政学院学报》《新闻爱好者》《辽宁工业大学学报》均为4篇，《学海》《理论参考》《东南传播》《公安研究》《辽宁公安司法管理干部学院学报》等各3篇。

检索CNKI学位论文，以“网络群体性事件”为题的达147篇。

从CNKI检索学位论文的学科分布看，公安学102篇，新闻与传播学45篇，公共管理学17篇，社会学9篇，教育学4篇，法学4篇，心理学2篇，伦理学1篇，信息技术学1篇。

1. 网络群体性事件的概念

2003年被称为互联网舆论元年，以大学生孙志刚收容死亡事件为代表，大量网络事件井喷式地涌现出来。① 但直到《瞭望》新闻周刊2009年6月1日刊出专文后，网络群体性事件这一概念才获得了关注和普遍使用，② 但当时对其概念的严谨性还存在争议。③ 总体来看，这

① 董天策. 网络传媒与公共领域的建构［EB/OL］. 新浪博客，2014-06-10.

② 代群，郭奔胜，季明，等. 应对“网上群体性事件”新题［J］. 瞭望新闻周刊，2009（22）：10-12.

③ 廖建春. 论网络热点案件［J］. 中国人民公安大学学报（社会科学版），2009，25（5）：82-87.

一概念的界定分为两类。

（1）以“群体性事件”为核心定义“网络群体性事件”。比较具有代表性的定义认为，具有共同的利益或目的的网民群体，以互联网为工具进行组织串联，在现实社会中非正常聚集，扰乱社会正常秩序、影响社会政治稳定的集群事件。① 这一定义的核心是强调现实性的群体性事件行为，而仅仅将互联网视为联系、组织的工具。郑大兵的看法类似，将网络群体性事件限定为互联网网络行为而非现实行为，认为网络群体性事件是某些群体为了实现特定目的，利用网络大规模发布、传播某一方面信息，以发泄不满、制造舆论。② 更有研究者将其类同于美国的“快闪”行动，即互不相识的网民通过网络联系在同一时间、同一地点快速聚集并实施同一行为，而后迅速解散的行动。③

（2）以“网络场域”为核心定义网络群体性事件。代群等认为网络群体性事件是指发生在互联网虚拟空间的群集现象，一旦网络出现网民非常关注的话题或新帖后，网络点击率、跟帖率等迅速攀升，网络舆论一呼百应，全面聚焦。④ 这一界定侧重于对网络群体性事件在互联网上发酵过程的阐述。有的学者将其延伸到现实空间，认为网络公共领域

① 揭萍，熊美保．网络群体性事件及其防范［J］．江西社会科学，2007（9）：239；杨久华．试论网络群体性事件发生的模式、原因及其防范［J］．重庆社会主义学院学报，2009，11（4）：89.

② 郑大兵，封海东，封飞虎．网络群体性事件的政府应对策略［J］．信息化建设，2006（11）：34；葛琳．网络舆论与网络群体性事件［J］．新闻爱好者，2008（9）：20.

③ 王玲，王东．防范基于网络组织群体性事件研究［J］．广州市公安管理干部学院学报，2006（4）：29；万美君，白学伟，李文涛．辽宁网络群体性事件及应对机制的现状［J］．辽宁公安司法管理干部学院学报，2012（1）：28；方付建，王国华．现实群体性事件与网络群体性事件比较［J］．岭南学刊，2010（2）：16.

④ 代群，郭奔胜，季明等．应对“网上群体性事件”新题［J］．瞭望新闻周刊，2009（22）：10－12.

的大规模意见汇聚会影响现实生活，① 社会舆论与传播可能促发社会行动。② 郝其宏从功能角度提出，网络群体性事件是“网民围绕某一热点问题在互联网上大规模聚集进而影响现实生活的行为”③。这一界定以互联网舆情传播为基础，侧重其对现实的影响。

至于网络群体性事件的作用，研究者认为既可能具有积极作用，也可能具有消极作用，或者是两者兼而有之（即中性的理解）。④

从上述定义来看，学者们的分歧表现在以下几方面：一是网络群体性事件发生场域的分歧。一些学者主张发生在网上虚拟空间以及网上诱发网外的集群行为均为网络群体性事件。⑤ 另一些学者认为网上诱发网外的集群行为才是网络群体性事件。⑥ 二是网络群体性事件是否具有目的性、组织性。有学者认为这类事件具有目的性和组织性；另一些学者认为，网络群体性事件是相对自发的、无组织性的。还有学者认为，两种都可能存在。⑦ 三是网络群体性事件性质的认定有分歧。有学者认为网络群体性事件性质不良甚至是敌对的；也有学者认为网络群体性事件可能积极、正义，也可能是消极的、非制度性的，或者是两者兼而有之

① 郝其宏．网络群体性事件概念解析［J］．齐鲁学刊，2013（1）：100.

② 杜骏飞．网络群体事件的类型辨析［J］．国际新闻界，2009（7）：77.

③ 郝其宏．网络群体性事件概念解析［J］．齐鲁学刊，2013（1）：96.

④ 裘伟廷，林亚斐，任颖，等．关于网络群体性事件的新思考［J］．宁波广播电视大学学报，2010，8（1）：1－8；黄炜，殷聪．网络群体性事件源信息演化机制研究［J］．情报探索，2012（5）：30.

⑤ 胡圣方．国内网络群体性事件理论研究述评［J］．重庆邮电大学学报（社会科学版），2011，23（3）：33.

⑥ 郭小安，王国华．网络群体性事件的概念辨析及指标设定［J］．情报杂志，2012，31（2）：9.

⑦ 黄炜，殷聪．网络群体性事件源信息演化机制研究［J］．情报探索，2012（5）：30；胡圣方．国内网络群体性事件理论研究述评［J］．重庆邮电大学学报（社会科学版），2011，23（3）：33－34.

(即中性的)。① 如喻国明就认为，网络群体性事件是公民基于利益表达的集体行动，网络热点事件源于政府剥夺了民众对真相的基本信息权利。②

网络群体性事件在事件主体、互动平台、发生场域、组织手段、诱致因素、表现形态、演化规律等方面都极大区别于传统的群体性事件，是一种新型的事件。因此，应该从新的维度予以界定，而不能通过套用的方式将其定义为群体性事件的一种“新的特殊形式”，否则难以准确把握网络群体性事件的内涵与特征。③

基于以上梳理，本书将网络群体性事件界定为：网络群体性事件，是指大批网民通过有线和无线网络，针对特定公共事务和社会现象，在线广泛参与讨论、集中发表意见，在较短时间内对网络虚拟空间乃至现实世界造成较大社会影响的事件。

2. 网络群体性事件的特征

(1) 网络群体性事件的特征分析。从学者已有的研究来看，网络群体性事件一般具有瞬间性、急剧扩张性、范围无限性等特点。④

有学者认为，网络群体性事件往往是瞬间爆发，并在虚拟世界与现实世界中交互作用，导致影响范围极广，控制难度极高。⑤

---

① 黄炜，殷聪. 网络群体性事件源信息演化机制研究 [J]. 情报探索，2012 (5): 30；胡圣方. 国内网络群体性事件理论研究述评 [J]. 重庆邮电大学学报 (社会科学版)，2011，23 (3): 34.

② 喻国明. 网络群体性事件：起因、缘由和解决之道 [J]. 中关村，2010 (5): 90；肖玉勇，丁宁. 对“网络群体性事件”的反思 [J]. 湖北经济学院学报 (人文社会科学版)，2012，9 (4): 111.

③ 方付建，王国华. 现实群体性事件与网络群体性事件比较 [J]. 岭南学刊，2010 (2): 16.

④ 郝其宏. 网络群体性事件研究的进路 [J]. 改革与开放，2013 (4): 113.

⑤ 王扩建. 网络群体性事件：一种新型危机形态的考量 [J]. 天津行政学院学报，2010，12 (2): 29；郝其宏. 网络群体性事件研究的进路 [J]. 改革与开放，2013 (4): 113.

有的学者则分析了网络群体性事件的物理特征和逻辑特征，所谓网络群体性事件的物理特征首要表现是空间特征，其次是时间特征；逻辑特征主要表现在参与人数众多，参与对象跨地域、涉及面广，事件的不确定性，应对工作处置前后难度差异大。[①] 网络群体性事件还具有以下两个特异性：①高度的放大器；②快速的传播器。[②]

一些学者认为传播迅速、影响广泛、网络与现实互相影响、各种网络平台的作用日益增强是网络群体性事件的显著特征。[③] 网络群体性事件发生过程中，参与者以互联网环境作为行为支撑，且参与者可能并非利益相关方，呈现出参与超功利化、行为隐性化、成员关系松散化等特点。即网络群体性事件过程中参与者多但行为更隐蔽，且行为所受约束极为有限。[④] 在网络群体性事件过程中，由于通过互联网进行互动、联系、意见发表、信息扩散，因此参与者身份具有不确定性，事件影响具有扩散性，信息交流具有非理性等特点。[⑤]

（2）网络群体性事件与现实群体性事件的特点比较。将二者进行比较，可以发现网络群体性事件具有显著特点。

一是参与主体是虚拟化网民，具有极大的异质性，常以几万、几十万甚至几百万计算。他们大多没有特别具体的诉求，一般为对诸如公平、公正、真理等抽象理念的追寻或对某个事件表达自己的看法，通过

---

① 刘杰，梁荣，张砥．网络诱致突发事件：概念、特征和处置［J］．中国行政管理，2010（2）：47.

② 李金龙，黄峤．挑战与应对：网络群体性事件下的政府信息管理［J］．湖南师范大学社会科学学报，2010，39（1）：38－39.

③ 姚伟达．网络群体性事件：特征、成因及应对［J］．理论探索，2010（4）：112－113.

④ 邓希泉．网络集群行为的主要特征及其发生机制研究［J］．社会科学研究，2010（1）：104－105.

⑤ 张莉．网络群体性事件中的政府责任［J］．理论导刊，2010（12）：53－54；郝其宏．网络群体性事件研究的进路［J］．改革与开放，2013（4）：113.

点击、跟帖、转载等方式来完成。二是影响范围通常会超过本地政府管辖范围。三是从组织方式看，虽然借助网络为组织和动员的载体，但动员型和自发型的网络群体性事件组织化程度差异巨大。四是从诱致因素看，网络群体性事件源于现实，各地网民都有所感受，但在现实中却无法表达意愿和表明态度。网络群体性事件另一诱致因素是一些事件极大危害了公平、公正、道德、伦理或法律等社会规范性机制，网民对此表达的是法律、道德、伦理的考量和追问。一般而言，在网络上引起关注并形成网络群体性事件的事项在现实中不一定会形成群体性事件。①

在比较框架下，有的学者从参与主体、议题属性和传播特征三个维度来辨析其特征。一是从参与主体看，以往学生是中国网民的最大群体，但比例在逐年下降。个体户和自由职业者构成了网民的第二大群体，比例逐年上升。总体上中国网络用户呈现出低龄、低学历、低收入的变化趋势，社会困难群体在网民中所占比重越来越大。二是从议题看，网络群体事件虽数量众多，但主要集中在腐败、社会不公和政府官员的权力滥用上。据中国人民大学喻国明教授梳理，政府和社会大众之间的矛盾是网络群体事件的主要议题，且更多地表现为对政府部门和官员权力的监督和规范。三是网络群体事件要传播首先必须具备显著性的特点，其次，其传播走势取决于其所能激发的互动程度，最后在传播效果上容易出现网络极化的现象。②

3. 网络群体性事件的类型

学术界采用不同的标准划分网络群体性事件的类型，具代表性观点的有以下几种。

① 方付建，王国华. 现实群体性事件与网络群体性事件比较［J］. 岭南学刊，2010（2）：18.

② 隋岩，苗伟山. 中国网络群体事件的主要特征和研究框架［J］. 现代传播（中国传媒大学学报），2014，36（11）：29.

（1）以网络群体性事件的诱因为分类标准，有的将网络群体性事件划分为网络舆论引发、网络谣言泛滥失控、利益受损群体利用网络发动、国内外敌对势力利用网络发起四种模式。① 四类的划分未遵循同一性标准。有的则认为，网络群体性事件应分为“网络引发模式、网络动员模式、网上与网下群体性事件互相强化模式”三种模式。②

（2）有的学者从动员的角度将网络群体性事件划分为焦点型动员、诱发型动员、泄愤型动员和公关型动员四大模式。③

（3）还有的研究转向抗争政治的视角，将网络群体性事件划分为“以群体舆论来抗争个人、一个群体抗争另一个群体、网民对政策或制度的抗争、网络文化阵营对现有文化权力体系的抗争四种类型”④。或者从抗争政治的角度将网络群体性事件划分为“权利型冲突、地位型冲突、公共资源分配之争三种类型”⑤。

（4）有的将网络群体性事件发生的场域分为三种类型：“一是基本上在网络空间展开，但对现实社会也会产生实质影响；二是以网络虚拟

---

① 杨久华. 关于当前我国网络群体事件的研究［J］. 北京青年政治学院学报，2009，18（3）：76；夏临. 我国网络群体性事件及其舆情研究现状综述［J］. 东南传播，2010（7）：27；邓蓉敬. 国内外关于网络群体性事件的研究综述［J］. 天水行政学院学报，2010（6）：51；董天策，王君玲. 网络群体性事件研究的进路、议题与视角［J］. 现代传播（中国传媒大学学报），2011（8）：25；方付建，王国华. 现实群体性事件与网络群体性事件比较［J］. 岭南学刊，2010（2）：17.

② 廖芳玲，顾金喜. 网络群体性事件对政府管理的挑战与应对之策［J］. 浙江学刊，2011（1）：216.

③ 何国平. 网络群体事件的动员模式及其舆论引导［J］. 思想政治工作研究，2009（9）：37－38.

④ 杜骏飞. 网络群体事件的类型辨析［J］. 国际新闻界，2009（7）：77；夏临. 我国网络群体性事件及其舆情研究现状综述［J］. 东南传播，2010（7）：27.

⑤ 杜骏飞，等. 政府网络危机［M］. 北京：中国发展出版社，2011：265－300；胡圣方. 国内网络群体性事件理论研究述评［J］. 重庆邮电大学学报（社会科学版），2011，23（3）：34.

组织为中介，主要在现实空间展开；三是网内网外互动进行活动。"① 有的学者认为，随着互联网的发展，中国出现了以互联网为媒介的集体行动。这类集体行动包括两种形态：第一种是纯粹发生在网络空间的集体行动（cyber space），这一虚拟世界的集体行动，可以称为"在线集体行动"（online collective actions），包括了网络舆论、网络黑客、网上签名、网上公祭等。第二种以互联网为媒介的集体行动则同传统集体行动一样，发生在现实世界，可以称之为"离线集体行动"（offline collective actions）。从表现形式来看，离线集体行动就是传统集体行动，不同之处在于其媒介变成了互联网。②

还有的学者提出根据产生原因，网络群体性事件可以分为政治缘起型、道德缘起型、环境缘起型和经济缘起型四种；③ 按照网民诉求可以分为单一诉求型和混合诉求型两种，其中单一诉求型又分为发泄情绪、还原真相、维护权益、追究责任四类。④

当前对网络群体性事件的类型还存在一种比较合理的划分，即纯网络态、网络态向现实的转变和网络现实的交互态三种。⑤

4. 网络群体性事件的成因

有的学者将成因归结为网络、网民、政府三个方面，认为网络群体性突发事件并非突发，而是社会风险积累到一定程度的爆发。其中网络

---

① 裘伟廷. 网络群体性事件初探［J］. 宁波广播电视大学学报，2009，7（3）：2－3.

② 陈伟军. 虚拟社区中的社会思潮传播与价值形塑［J］. 浙江学刊，2013（1）：191；蔡前. 以互联网为媒介的集体行动研究［M］. 南昌：江西人民出版社，2009：8－10.

③ 郝其宏. 网络群体性事件类型辨析［J］. 电子政务，2013（5）：52－55.

④ 郝其宏. 网络群体性事件类型辨析［J］. 电子政务，2013（5）：55－56.

⑤ 胡圣方. 国内网络群体性事件理论研究述评［J］. 重庆邮电大学学报（社会科学版），2011，23（3）：34.

特性是外在诱因，制度供给不足是本质特性。①

有的学者认为网络群体性事件根源于四个矛盾，即同质的符号与个性化的人之间的矛盾，整合的社会与离散的网络之间的矛盾，网民权利与公民责任之间的矛盾，应激心理与理性诉求之间的矛盾。② 有的学者认为社会矛盾的积累是网络群体性事件产生的“导火线”，非理性情绪的感染是网络群体性事件产生的“催化剂”，网络与网外两大舆论场的对峙是网络群体性事件产生的“点火器”，协商机制的缺位是网络群体性事件产生的“助推器”。③ 有的学者认为网络群体性事件形成的原因是主流媒体的失语或片面报道。④ 有的学者运用斯梅尔塞（Smelser）的价值累加理论，从有利的结构、结构性紧张、普遍信念的增长、促发因素、参与者的行动动员、社会控制机制 6 方面，对网络群体性事件的发生机制进行分析。⑤ 还有的学者指出，网络群体性事件形成的主要原因是：网民的民主、平等、权利意识不断增强；现实社会中利益表达机制不畅，网络规制有待完善，少数地方政府在施政中损害民众的利益，处置网络突发事件的方式、方法欠科学；境内外敌对分子挑拨引发。⑥ 有

---

① 王扩建. 网络群体性事件：一种新型危机形态的考量［J］. 天津行政学院学报，2010，12（2）：31.

② 唐斌. 群体性事件的网络传播与政府干预分析［J］. 河南师范大学学报（哲学社会科学版），2009，36（6）：43－44；胡圣方. 国内网络群体性事件理论研究述评［J］. 重庆邮电大学学报（社会科学版），2011，23（3）：34.

③ 范国华，贾晓娜. 网络群体性事件的预警机制［J］. 人民论坛，2010（32）：159；杨明. 网络群体性事件析论［D］. 济南：山东大学，2012：5.

④ 葛琳. 网络舆论与网络群体性事件［J］. 新闻爱好者，2008（9）：20.

⑤ 邓希泉. 网络集群行为的主要特征及其发生机制研究［J］. 社会科学研究，2010（1）：105－107；杨明. 网络群体性事件析论［D］. 济南：山东大学，2012：5.

⑥ 杨久华. 试论网络群体性事件生成模式、原因及其防范［J］. 南通航运职业技术学院学报，2009，8（2）：48－49；胡圣方. 国内网络群体性事件理论研究述评［J］. 重庆邮电大学学报（社会科学版），2011，23（3）：34；邓蓉敬. 国内外关于网络群体性事件的研究综述［J］. 天水行政学院学报，2010（6）：51.

的学者指出网络群体性事件有四大原因：一是公众共同的利益诉求，二是公众高度关注公权力如何参与社会利益调整，三是公众和政府有关部门之间信息不对称，四是新媒介技术的发展。①

以上分析从不同的角度加深了我们对网络群体性事件成因的认识。

5. 网络群体性事件的形成机制

目前的研究停留在探讨网络舆情影响网络群体性事件形成的浅显层面，至于对网络群体性事件中的网络舆情的生成与传播机制的研究则还很少有人涉足，已有的研究如李彪的《网络舆情的传播机制研究——以央视新台址大火为例》,② 也仅仅分析了具体的个案和细节。

（1）网络群体性事件的分期。有学者把网络群体性事件分为形成期、扩散期、爆发期和终结期四个阶段。③ 也有学者将其分为危机潜在期、危机突发期、危机蔓延期、危机解决期四个阶段。④ 另外一些学者根据信息流从不稳定到稳定的过程，将网络群体性事件划分为五个阶段——前兆阶段、爆发阶段、蔓延阶段、缓解阶段和终止阶段。⑤

（2）网络群体性事件的演化。网络群体性事件与现实群体性事件的演化规律具有巨大差异。“从宏观脉络看，网络群体性事件以话语或

---

① 申琦．论网络群体性事件中的公共议题管理［J］．现代传播（中国传媒大学学报），2010（10）：52－53；杨明．网络群体性事件析论［D］．济南：山东大学，2012：4.

② 李彪．网络舆情的传播机制研究——以央视新台址大火为例［J］．国际新闻界，2009（5）：93－97；夏临．我国网络群体性事件及其舆情研究现状综述［J］．东南传播，2010（7）：27.

③ 易承志．群体性突发事件网络舆情的演变机制分析［J］．情报杂志，2011，30（12）：8；卿立新．突发公共事件网络舆论及其应对研究［D］．长沙：湖南师范大学，2013：8.

④ Greer C F, Morelandnd K D. United Airlines and American Airlines online crisis communication following the September 11 terrorist attacks［J］. Public Relations Review，2003，(29)：427－441.

⑤ 李志宏，何济乐，吴鹏飞．突发性公共危机信息传播模式的时段性特征及管理对策［J］．图书情报工作，2007（10）：90.

意见为纽带，其网络为行为或活动场域，一般遵循话语出现→话语关注→话语分化→话语平息这一发展脉络和演化路径。”①

有的学者认为，“网络群体性事件内在演变的机理包括五个方面的内容：形成机理、发展机理、变异机理、作用机理和终结机理。网络群体性事件的形成机理概括了从网络事件发生到网络群体性事件形成的过程。网络群体性事件从形成到终结都是处于一种动态的变化过程之中，必然遵循某些内在规律来运行，这就是发展机理。在网络群体性事件的发展过程中，事件信息往往由于种种原因而发生变异或者扭曲，发生偏离，这则是变异机理。网络群体性事件影响力大在于其作用机理，即体现在网络群体性事件的蝴蝶效应。网络群体性事件的终结机理揭示了网络舆情随着网络群体性事件完结而逐步走向衰落的过程。”②

6. 网络群体性事件的防范与治理对策

不同学科从不同的视角提出了各自的对策与建议，相应研究十分广泛。

（1）建立实时的舆情预警系统，加强舆情监测与预防。③ 当前预测网络舆情的走向主要关注以下 4 个指标：一是网络舆情信息呈现在网站上的热度，二是原帖的点击量、回复数及网友的情感倾向，三是转发量、转发网址的热度、点击量和回复数，四是微博转发量、微博粉丝数及关注度。④

---

① 方付建，王国华. 现实群体性事件与网络群体性事件比较［J］. 岭南学刊，2010（2）：18；隋岩，苗伟山. 中国网络群体事件的主要特征和研究框架［J］. 现代传播（中国传媒大学学报），2014，36（11）：26－34.

② 史波. 公共危机事件网络舆情内在演变机理研究［J］. 情报杂志，2010，29（4）：44；卿立新. 突发公共事件网络舆论及其应对研究［D］. 长沙：湖南师范大学，2013：9；刘洋. 突发事件网络舆情的传播规律［J］. 图书情报工作网刊，2011（12）：57.

③ 王敏. 领导干部有效应对网络群体性事件的策略［J］. 领导之友，2012（4）：63.

④ 庞宇. 环境突发事件的动员模式及对策［J］. 青年记者，2013（31）：73.

（2）转变政府互联网管理理念，从“全能型政府”转向“有限政府”，管理理念从“规制”相应地转向“治理”。①

（3）提出了政府应对网络群体性事件的第一法则，“包括第一时间发现危机信息、第一时间发布准确信息、第一时间进行权威评论、第一时间设置传播议程、第一时间落实责任主体、第一时间回应质询议题、第一时间开诚布公、第一时间开展民意互动等几个法则”②。

（4）从处置机制看，事前要充分发挥预警监测功能，要提高舆情研判和应对能力，健全网络舆情预警制度，完善网络舆情响应制度，建立网民参与制度。事中要发挥正面舆论引导功能，要建立事后的评价机制。③

（5）从应对策略看：第一，及时捕捉热点，增强网络群体性事件的预见性和主动性；第二，政府信息发布制度须公开透明、及时权威；第三，用议程设置牵引舆论；第四，培育网上意见领袖，引导网民自我教育；第五，推动网络媒体与传统媒体良性互动；第六，借助网络舆情监控系统对不良信息及时处理；第七，进行形象修复。④

以上研究大多沿用群体性事件概念对网络群体性事件进行了界定，总结了这类事件的特征，从多个维度对事件类型进行了划分，对网络群

---

① 芦何秋，秦志希．论网络群体性事件中政府管理的理念转变［J］．新闻传播，2010（9）：13．

② 曹劲松．政府网络传播［M］．南京：江苏人民出版社，2010：118－170；转引自卿立新．突发公共事件网络舆论及其应对研究［D］．长沙：湖南师范大学，2013：10．

③ 中共中央宣传部舆情信息局．舆情信息工作概论［M］．北京：学习出版社，2006：123－147；卿立新．突发公共事件网络舆论及其应对研究［D］．长沙：湖南师范大学，2013：10．

④ 宋海龙，巨乃岐，张备，等．突发事件网络舆情的形成、演化与控制［J］．河南工程学院学报（社会科学版），2010，25（4）：14－15；卿立新．突发公共事件网络舆论及其应对研究［D］．长沙：湖南师范大学，2013：11．

体性事件产生的原因展开了探讨并给出了处置网络群体性事件的措施。此外，网络群体性事件的研究成果散见于网络政治学、网络传播学以及危机管理研究的论著之中。这些研究成果对本课题研究具有重要的借鉴作用。

（三）研究述评

（1）从网络群体性事件的研究主题看，目前一般性的理论概括、个案研究较多，今后的研究要开始转向研究网络群体性事件涉及的各个主题，更加具体、深入、集中地研究网络群体性事件的心理过程、行为表征、生成及演变过程、内在机制、动力、规律等问题。

（2）在研究视角上，少数文章将网络群体性事件中某些突出的特点与传播学、危机管理、社会学、心理学、社会运动结合，一定程度上获得了某个方面的规律性的理论，增加了解释路径。但其限于单一的视角，忽视跨学科研究，以致无法全面地描述网络群体性事件复杂过程的一般图景。

（3）研究方法上，研究文献基本上是以定性研究为主，缺乏对网络群体性事件中各个主体的实证调查研究；对处于网络群体性事件中核心地位的信息交流不重视，未进行网络文本的细致分析；忽略对网络群体性事件中各个具体过程的分析，因此无法生动、具体地展现网络群体性事件的复杂过程，得出的研究结论大都大而化之，缺乏较强的说服力与理论解释力。

因此，为了更准确地探寻网络群体性事件的形成机理与演变规律，研究网络群体性事件应采取多重视角融合，多学科理论应用的方式，在研究方法上，宜采取定量与定性研究相结合的方法。

综上所述，国内外学者的研究为本课题奠定了较好的研究基础，并为深入、系统地探讨网络群体性事件及其防范与治理问题提供了研究空间。但总体而言，对网络群体性事件还缺乏统一的界定，对这类事件发生机理和演化规律的研究还不足，对应对工作经验的理论分析还不够，需要进一步探讨。①

三、研究的基本思路与方法

本书选取近几年具有代表性的120起网络群体性事件的案例进行分析和比较，运用案例分析、心理分析、内容分析、政治修辞分析等政治学、心理学、公共管理学、社会学等多学科方法，探讨网络群体性事件演化过程中不同行为主体之间的信息传播，重点研究网络群体性事件的发生原因、形成机理和基本规律，建立网络群体性事件危机传播管理的基础理论，并指导网络群体性事件防范和治理的实践。

在互联网时代，信息的传播和反馈是网络群体性事件的重要演化机制，在演化的不同阶段，信息流动与群体心理的互动呈现不同特点。

网络群体性事件的应急管理实际是危机沟通管理，关键是建立与网络群体性事件各方的沟通与管理机制，包括直接利益方的利益诉求渠道、无直接利益方聚集网民群体的对话渠道和疏导机制、对舆论意见领袖和重点人群的监测与管理机制、与媒体的协同应对机制等。

本书研究的重点是网络群体性事件的新特征、形成机理及呈现的规律。难点在于，对网络群体性事件的形成机理的研究是一项艰巨的工作，分析相关因素的作用方式与作用机制尤其是信息的传播和反馈与网民群体心理的作用机制具有一定的难度。

（一）研究的主要内容

1. 网络群体性事件的类型

分析总结近几年120起网络群体性事件，可以将其分为三类：一是

① 刘杰，梁荣，张砥．网络诱致突发事件：概念、特征和处置［J］．中国行政管理，2010（2）：45.

“在线行动型网络群体性事件”，即网民在网上众声喧哗，形成了强大的“表达对抗”；二是“在线行动引发离线行动型网络群体性事件”，网民先是通过网上签名进行抗议，进而利用聊天工具如 QQ 等来传递游行信息，用 BBS 社区发布参与消息，最终发动街头散步、聚集乃至游行；三是“网上在线行动与网下离线行动联动型网络群体性事件”，网上、网下两类群体性事件相互推动，增加了事件的扩散性和对抗性。

2. 网络群体性事件的新特征

具体表现为：一是多样化的信息来源；二是去中心化的传播格局；三是交互性引领公众舆论；四是信息传播迅速；五是易产生非理性、情绪化倾向等。

3. 网络群体性事件的形成机理

网络群体性事件的演化过程构成了一个复杂系统，并具有系统动力学特征。影响网络群体性事件的因素主要有：一是诱因事件、次生事件与深层诱因的耦合程度；二是网络群体性事件中意见领袖的影响程度；三是网民群体心理的作用；四是信息传播方式（表现为多元化、去中心、离散型、重反馈的多向互动型循环传播）；五是网络群体性事件中网民聚集的规模大小与构成；六是传统媒体和网络媒体的协同作用；七是政府管理和应对网络群体性事件的效力等。

网络群体性事件的演化是以上各种影响因素交互作用的结果，是多层次、多因素、多重反馈回路、非线性的复杂大系统。互联网时代，网络的交互性、开放性使自上而下的信息流通方式演变为多元化、去中心、离散型、重反馈的多向互动型循环传播，传统的群体性事件信息传播格局已经发生了新的变化。信息的传播和反馈与群体心理的作用机制成为网络群体性事件演化的最重要的机制。在虚拟世界中，网民的心理与现实世界有较大的差异，如网络的匿名性使得网民往往比在现实社会言论更为大胆，更为感性和情绪化；网络的互动性使得网民易相互感染形成一边倒的“极化心理”。应根据互联网信息传播的新特征和信息传播格局的新变化，构建网络群体性事件的形成机制。具体来说，分析网络群体性事件演化的静态结构有助于认识网络群体性事件演化的结构和各因素之间的关系，分析演化的动态过程有助于认识不同阶段网络群体性事件的作用方式和作用机制。

4. 网络群体性事件呈现的规律

网络群体性事件呈现以下规律。一是眼球效应。只有能够吸引网民眼球的事件才有可能引发网络群体性事件。这些敏感内容与主题主要为涉及公共权力、公共利益、公共价值及公众人物等的敏感信息。二是首因效应。传播学认为，当网络群体性事件发生时，先披露的信息往往使公众接受后产生先入为主的效果。此即首因效应。三是羊群效应。网民普遍存在从众心理，不管网上的话题是否与自己有关、是否感兴趣，喜欢凑热闹发帖，一些言论大有语不惊人死不休的气势。网络群体性事件还呈现出巨涨落效应、操控效应、共振效应等规律，这些规律有待进一步挖掘、研究。

5. 网络群体性事件的防范和治理研究

（1）网络群体性事件的偶然、非线性、跳跃式发展，使得以往的危机应对机制的效力大大降低。因此，在使用监测软件，建设针对网络群体性事件监测预警体系的同时，应重点建设实时的应急管理机制，以便快速反应。

（2）网络群体性事件的应急管理应整合横向和纵向管理体系资源的应急管理平台，以便协同治理形成合力。

（3）网络群体性事件演化的不同阶段呈现不同特点，网络群体性事件的防范和治理应考虑针对不同阶段性特征采用相应的实时治理措施。

网络群体性事件的应急管理实际是危机沟通管理。其应对策略有以下几方面：一是网络群体性事件发生后，要尽量在第一时间发布新闻，赢得话语权。因为信息发布是网络群体性事件应对的关键，也是舆情引导的基础。政府通过信息发布，既要让公众获悉网络群体性事件的事态发展，又要让公众了解事件处置的种种努力。二是真诚应对。把对人的关怀放在首位，高扬社会公正、司法公正、以人为本、和谐社会的旗帜，争取公众的同情和理解。① 三是主动设置报道议程，有效引导舆论，有效牵引舆论关注的焦点和方向，削减负面舆论的能量。四是主动透明报道排除流言扩散。五是重视舆论意见领袖和重点人群是处理危机的关键环节。六是重视传统媒体和网络媒体的联动，形成舆论引导的合力效力。

此外，加强互联网法制建设、加强网络文化建设、增强网民的自律意识，也是十分必要的。

（二）研究方法

本书主要使用案例分析法、内容分析法、心理分析法、文献研究法等。

1. 案例分析法

本书使用的案例分析法，是选择在互联网空间引起较大反响的网络群体性事件典型案例为研究对象，此类事件的细节较易收集且在论坛、博客、微博、微信、新闻网站留有比较翔实的资料，便于研究。这种研究的优点是对网络群体性事件的细节和各种相关要素了解较充分，能够作出比较深刻和全面的认识。目前，案例分析法可以分为探索性的案例研究（exploratory case study）、描述性的案例研究（descriptive case stud-

---

① 王敏. 领导干部有效应对网络群体性事件的策略［J］. 领导之友，2012（4）：64.

y）以及解释性的案例研究（explanatory case study）三种。① 本书主要使用描述性和解释性案例研究两种方法。

2. 内容分析法

内容分析法是搜集和分析网络群体性事件中网帖、网络文字内容的一种研究方法。内容分析，是对论坛、博客、微博、微信、新闻网站的信息内容进行语篇的、词频的、敌意程度的分析。热词分析、词频分析是内容分析中最简单、最常用的方法，分析网络群体性事件的关键词出现的频率和比例，可以探索网络群体性事件的某些规律。内容分析法也可以对内容进行语义分析，对网络信息在各种载体中出现的敏感要素、刺激性要素进行提取与分析。当然也可以从语篇的角度对网上文本内容进行情感程度的分析。

3. 心理分析法

网络群体性事件中，网民心理状况的重要性毋庸置疑，但是，对它的分析却困难重重。从心理学角度来看，民意、舆论等都是网民心理的表达和表现，互联网上的民谚、牢骚、街谈巷议、流言、传闻、“段子”、流行词汇等都是了解网民心理的重要渠道；我们也可以通过线下行动了解网民心理。渗透在这些看法和意见中的网民心理，需要去挖掘、分析和把握。

4. 文献研究法

文献研究法是一种通过收集和分析文献资料，以探讨和分析各种社会行为、社会关系及其他社会现象的研究方式。② 本课题的研究比较系

---

① 罗伯特·K. 殷. 案例研究：设计与方法［M］. 周海涛，译. 重庆：重庆大学出版社，2010：129；颜士梅，王重鸣. 并购式内创业中人力资源整合风险的控制策略：案例研究［J］. 管理世界，2006（6）：120.

② 风笑天. 社会学研究方法（第三版）［M］. 北京：中国人民大学出版社，2009：233.

统地梳理了网络群体性事件等方面研究的各种文献资料，收集了人民网舆情监测室发布的中国互联网舆情分析报告、中国人民大学喻国明教授主编出版的2009年以来的中国网络舆情分析报告、中国传媒大学网络舆情（口碑）研究所发布的《中国网络舆情指数年度报告》、上海交通大学谢耘耕教授主编出版的舆情蓝皮书、中国社科院新闻与传播所主编的新媒体蓝皮书、中国互联网络信息中心（CNNIC）发布的历年《中国互联网络发展状况统计报告》等，在我们的研究中，也充分运用了这些报告所提供的统计数据。同时，课题组广泛收集了与研究主题相关的国内外专著、期刊文献、学位论文等，对厘清中国网络群体性事件的研究现状，在前人研究的基础上构建本书的分析框架和切入点大有裨益。

（三）创新之处

该研究将着重研究网络群体性事件演化过程中的表现与特征、规律；重点分析网民在信息传播机制、政治修辞、动员策略、议题构建、媒介协同、群体共意、集体行动等动态的信息互动过程中心理及行为的变化与个体心理行为向群体心理行为的转变过程，试图解释如下问题。

（1）为什么网络群体性事件频繁发生，但集中在某些特定的主题和领域。

（2）为什么同是网络事件，有些能引起网民的持续性关注，成为一个网络热点事件。

（3）松散的网民是如何被动员到这些网络群体性事件中来的。

（4）网络意见领袖是如何进行议程设置、政治修辞，与网民互动，来引导网络群体性事件的走向，构建关注议题的；网民、意见领袖如何构建行动的正当性。

（5）互联网技术及传统媒体的报道与传播是如何影响网民心理及行为的。

（6）网络群体性事件的防范与治理需要什么样的新思维。

本书的创新体现在三个方面：

一是研究视角较新，从网络群体性事件的属性入手而非沿袭原有的定义探讨网络群体性事件。

二是研究方法较新，案例分析、内容分析、心理分析、文献研究等多方法的运用加深了对研究对象的了解。

三是提出了新的观点，在网络群体性事件的形成机理、基本规律、防范和治理方面提出了一些新的见解。

第一章

网络群体性事件的内涵、特征与影响

网络群体性事件是近年来兴起的一个热点研究领域，一些学科如新闻传播学、政治学、公共管理学、社会学、心理学和计算机科学等均有涉及。目前，学术界对网络群体性事件的定义众说纷纭，没有统一的界定，加之概念名词出现了“网络舆情”“网络热点事件”“网络舆论事件”“网络公共事件”“自媒体事件”等多种说法，在某种程度上加大了对网络群体性事件理解的难度，加剧了学术界的争论，甚至混淆了认识与思考。因此，厘清网络群体性事件的基本概念及内涵，显得尤为重要。

第一节　网络群体性事件的定义

一、网络群体性事件溯源

网络群体性事件的定义，最先沿用了群体性事件的内涵，表述方式没有统一，有的用新媒体事件、网络事件、网络突发事件等，有的用网络舆情，概念经常混用。

（一）群体性事件概念的演变

群体性事件是一个具有中国语境的概念，暗含负面评价的倾向。这一概念最早是作为政治术语出现在官方文件中，① 同时也有多种表述，有用“群体性突发事件”“群体事件”的，有的使用“集群行为”“集合行为”“群集行为”，还有的借助抗争理论使用“突发性抗争事件”，等等。其名称和内涵的演变过程体现了“从政治化到去政治化”的特点。②

20 世纪 50 至 70 年代，这类事件的界定为“群众闹事”。“‘群众’表明了闹事主体是属于人民的政治身份，与阶级敌人、敌对分子相区别。这一命名带有新中国成立初期‘以阶级斗争为纲’的时代烙印，具有负面、否定的意义。”③ 1980 年，我国首次将这类事件定义为“治安事件”或“群体性治安事件”。“这一阶段的命名，与当时我国社会秩序混乱，违法犯罪率高密切相关。这一命名在较大意义上摆脱了阶级斗争的政治色彩，但却给群体性事件的主体戴上了违法的帽子。”④ 到了 20 世纪 80 年代末至 90 年代初，官方给这类事件命名为突发（件）事件，开始具有中性化的色彩。此后到 21 世纪初，官方将其命名为紧急治安事件或群体性治安事件，依然保留了违法性的意蕴。2004 年 11 月 8 日，中共中央办公厅、国务院办公厅转发的中央处理信访问题及群体性事件联席会议文件明确提出了“群体性事件”名称，称群体性事件是“由人民内部矛盾引发、群众认为自身权益受到侵害，通过非法

① 于建嵘. 当前我国群体性事件的主要类型及其基本特征［J］. 中国政法大学学报，2009（6）：114.

② 陈月生. 群体性突发事件与舆情［M］. 天津：天津社会科学院出版社，2005：5.

③ 郑卫菊. 浅析群体性事件的命名［J］. 广州市公安管理干部学院学报，2009（1）：36.

④ 郑卫菊. 浅析群体性事件的命名［J］. 广州市公安管理干部学院学报，2009（1）：36.

聚集、围堵等方式，向有关机关或单位表达意愿、提出要求等事件及其酝酿、形成过程中的串联、聚集等活动”①。相比以前，这一说法虽然已具有“去政治化”的特点，但仍具有一定的负面性。

（二）群体性事件的要素

群体性事件要素包括：

1. 群体性事件参与的主体

群体性事件是不同社会矛盾的集中折射，参与者往往利益受损，具有共识，希望通过某种非制度化的方式来维护和实现自己的利益。近年来，又出现了许多非直接利益者参与群体性事件的现象，参与的主体由以往的困难群体演变为参与主体的多元性。

2. 群体性事件表现的方式

群体性事件的表现方式具有一定的对抗性，有的在政府机关和主管部门前聚集、静坐、集会、游行、示威甚至自焚、自杀，有的围堵和冲击党政机关，有的阻塞交通、拦截火车、封桥堵路，还有的采取集体围攻、打砸抢烧、群体械斗等方式，矛头直指党政机关。

3. 群体性事件的结果

群体性事件常常具有对抗性、破坏性，轻则对公众社会心理和政府形象造成严重冲击，重则影响社会稳定。

4. 群体性事件发生的原因

群体性事件发生的原因多样复杂，一般缘于较多人的权益受到侵害无处申诉、表达、维护，或者缘于群体之间的利益纷争，或者缘于社会

---

① 于建嵘. 当前我国群体性事件的主要类型及其基本特征［J］. 中国政法大学学报，2009（6）：115.

分配政策的不公正，或者缘于长期积累的对社会的怨恨不满等。①

（三）网络群体性事件的概念

1. 网络群体性事件的定义

梳理网络群体性事件概念，可以发现学界研究取向有较大的差异：有的学者强调网络群体性事件的公共性、公共领域的特征；② 有的学者强调这类事件发生的场域，把网络群体性事件等同于网络舆论、网络舆情。③ 有的学者借鉴西方社会运动与抗争政治理论，强调网络群体性事件群集行动的取向，聚焦公民在线行动、网络抗争行为等主题；④ 有的学者聚焦于新媒体对信息、事件、社会关系的影响，侧重从新媒体与信息、事件、社会关系的互动中寻找传播规律；⑤ 还有的学者强调网络群体性事件的危害性与负面效应，因此以预防、治理、解决网络群体性事件等为目标，未能全面看待其双重功能。

综上所述，本课题所称网络群体性事件，是指大批网民通过有线和无线网络，针对特定公共事务和社会现象，在线广泛参与讨论、集中发表意见，在较短时间内对网络虚拟空间乃至现实世界造成较大社会影响的事件。

---

① 中国行政管理学会课题组．中国群体性突发事件成因及对策［M］．北京：国家行政学院出版社，2009：2－3；石正义．边疆民族地区群体性事件的三重审视［J］．中国行政管理，2010（9）：73.

② 李红，董天策．符号学分析：网络公共事件研究的新路径［J］．新闻大学，2012（1）：99.

③ 曾润喜．网络舆情管控工作机制研究［J］．图书情报工作，2009，53（18）：79－82；郑大兵，封海东，封飞虎．网络群体性事件的政府应对策略［J］．信息化建设，2006（11）：34－35；杜骏飞．网络群体事件的类型辨析［J］．国际新闻界，2009（7）：76－80.

④ 蔡前．以互联网为媒介的集体行动研究［M］．南昌：江西人民出版社，2009.

⑤ 邱林川，陈韬文．新媒体事件研究［M］．北京：中国人民大学出版社，2011.

2. 网络群体性事件与相近概念的区别

根据以上界定，可以避免把凡是遭到网民热议的事件都看成网络群体性事件的宽泛看法，排除了诸如虐猫事件、铜须门事件、艳照门事件等网络人肉搜索、网络恶搞、网络围观等热点事件，而只把邓玉娇事件、“躲猫猫”事件、林嘉祥事件、“史上最牛钉子户”事件、周久耕事件、官员公款出国旅游事件、杭州“70码”事件、“天价薪酬高管”事件、厦门PX项目事件、临武城管打死瓜农案、魏则西事件等涉及公共权力、公共利益、公共价值的公共事件包括在内。另外，也大致区分了现实空间与虚拟空间群体性事件的差异与关系，网络群体性事件在现实与虚拟中并存，既可能是虚拟空间伴随着言语形式和情感形式的一种舆论集群行为，也可能是网络虚拟社区延伸到现实社会的事件。同时，此界定趋于中性的定义，避免了以往一些概念过于强调网络群体性事件负面意义和污名化的倾向，[①] 兼顾了网络群体性事件具有的一定积极意义，尽管一些网络群体性事件造成了社会不良影响，但如孙志刚之死推进了收容条例的废除，“躲猫猫”事件推动了信息公开，人大硕士雷洋嫖娼致死案推进了警察执法记录仪的使用等，有些事件在一定程度上推动了整个社会的进步。

3. 网络群体性事件概念的解读

为进一步加深对网络群体性事件的理解，可以从以下六个方面对网络群体性事件进行解读。

（1）网络群体性事件的主体，即网络群体性事件的参与者。准确的表述是网民群体，他们具有不同的现实利益诉求。

（2）网络群体性事件的原因。网络上爆料的一个“涉腐”“涉富”

---

① 邱建新. 为“网络公众舆论”正名——关于“网上群体性事件”概念适当性的思考［J］. 江苏社会科学，2009（6）：91－92.

"涉权"的偶然性的公共事件或社会现象，冲突双方或者冲突处理方涉及公共价值、公共利益、公共权力、公共部门和公职人员，如瓮安事件和万州事件。

（3）网络群体性事件的目的。关注就有力量，"围观改变中国"，网络群体性事件中网民群体的目的基本都是纠正和改进不当的公权力行为和补偿利益损失，或者虽没有具体目的但通过互联网表达和发泄不满情绪。

（4）网络群体性事件的性质。目前绝大多数网络群体性事件的实质是公民中的网民对利益的诉求，不完全是反体制的，其影响也有积极一面，因此，不能完全说网络群体性事件是不良的、有危害的。①

（5）网络群体性事件的方式。网络群体性事件中，网民利用网络发帖、跟帖、灌水、拍砖、加精、置顶，进行道德审判、人肉搜索、网络恶搞、网络造句、网络戏谑等，相互发布、传播信息，制造舆论，甚至触发线下行动。

（6）网络群体性事件的影响。网络群体性事件造成的影响主要体现在倒逼政府改善管理，当然一些网络群体性事件干扰了网络虚拟空间和现实社会的秩序，造成不良的社会影响，损害了公权力的公信力，甚至对国家治理与执政安全带来了危害。

第二节　网络群体性事件的分类

网络群体性事件通过论坛（BBS）、博客（维克）、即时聊天工具

① 胡圣方. 国内网络群体性事件理论研究述评［J］. 重庆邮电大学学报（社会科学版），2011，23（3）：34.

(腾讯 QQ 和微软 MSN 等)、手机短信、微博等网络媒体以新型传播形式共同反映与作用形成。要对网络群体性事件进行充分、透彻的认识，首先要对其进行合理的分类。分类标准不同，网络群体性事件的特征相异。

一、网络群体性事件发生的空间分类

梳理近年来 200 多起网络群体性事件，可以将其分为三类。

(1)“在线行动型网络群体性事件”。即网民仅仅在互联网空间众声喧哗，其言论和表达具有较强的对立性，但不会溢出至现实社会。

(2)“在线行动引发离线行动型网络群体性事件”。网民先是通过网上签名进行抗议，进而利用聊天工具来传递游行信息，用 BBS 社区发布参与消息，最终发动街头散步、聚集乃至游行。

(3)“网上在线行动与网下离线行动联动型网络群体性事件”。网上、网下两类群体性事件相互推动，增加了事件的扩散性和对抗性。

具体案例如表 1－1 所示。

表 1－1　网络群体性事件发生的空间类型

类型	界定	案例	描述
在线行动型	指较多网民参与讨论，仅发生在网络空间，没有线下行动的事件	史上最牛钉子户事件、王帅发帖被跨省追捕等事件	网民并没有将语言转化为实际行动
离线行动型	指起源于网络，引发网民采取了具体行动，延伸并影响到现实生活的事件	网络人肉搜索、网络反腐、厦门 PX 项目等事件	以公共性和理性诉求为主，体现了从话语表达到行为行动的转变过渡，参与感和改变意愿是驱动网民从说到做的原因

续表

类型	界定	案例	描述
在线行动与离线行动联动型	现实事件发生后，网民以网络为传播信息、组织动员的工具和手段，推动网上与网下的融合	邓玉娇事件、石首事件、重庆出租车罢运事件等	网上信息与网下行动交织，话语表达与实际行动相互促进

二、网络群体性事件的目的分类

网络群体性事件可分为目标型和发泄型两类（见表1－2），二者之间常发生融合与转化。发泄型网络群体性事件中，绝大多数网民与网络群体性事件没有直接利益关系，他们之所以在虚拟社区发表帖子是为了发泄情绪，与此同时他们也密切关注导火线事件的处理结果，并为取得公正的结果而进行正当性或不正当性的建构，如邓玉娇事件、“躲猫猫”事件、林嘉祥事件、“史上最牛钉子户”事件等。网民群体既具有偶遇群体的特征，又具有类组织群体的特征。这导致其信息传播必然分别具有部分发泄型和目标型群体性事件的信息传播特征。

表1－2　网络群体性事件的目的类型

类型	界定	案例	描述
目标型	这类事件往往是为了达到具体的目标和利益，互联网是动员与组织化的工具	网络维权事件，如厦门PX项目事件	网民有共同的利益目标，其过程相对较为理智
发泄型	这类事件往往没有具体的抗争目标，网民聚集和事件的发生具有偶然性	网络人肉搜索、围观等，如表哥杨达才事件	网民没有具体的抗争目标，群体中大多数参与进来，主要是为表达与宣泄情绪

三、网络群体性事件的公共性指向分类

1. 公共权力滥用型网络群体性事件

公共权力源于社会成员的部分权利让渡与授权，理应为公众服务，促进、维护和实现社会公平正义。如果公职人员、公共机构滥用权力或言论不当，极易诱发网络群体性事件。加上不少网民对公共权力存在消极负面的印象，一旦遇到此类热点事件，经常有罪推定，主观认定政府权力运行存在过错，对公权力主体质疑。

2. 公共利益受损型网络群体性事件

中国社会进入互联网时代，环保维权事件频频发生。2012 年以来，借助互联网发起的环境群体性事件先后有四川什邡、江苏启东、浙江宁波、云南昆明、广东番禺等事件。与此同时，公民的环保意识、维权意识不断提高，要求政府在发展过程中高度重视生态环境的保护。如果一个地区出现公共利益受损事件，就容易被网络引爆，如厦门 PX 项目事件、大连 PX 项目事件等均为典型案例。

3. 公共价值冲突型网络群体性事件

公共价值冲突指在公共领域行为选择中因价值观和价值量的不同而发生的善恶矛盾和对立状态。公共价值冲突涵盖同一社会不同公共价值体系之间的对立冲突和同一公共价值体系内部不同价值量之间的冲突两种形式。前者表现为善与恶、正与邪的冲突，后者则表现为大善与小善、高层次的义务与低层次的义务之间的冲突。

2008 年 5 月 12 日四川汶川大地震中，身为都江堰市光亚中学教师的范美忠置正在上课的学生而不顾，只身跑出教室，5 月 22 日他在天涯论坛发帖为自己辩解：“我是一个追求自由和公正的人，却不是先人后己勇于牺牲自我的人！在这种生死抉择的瞬间，只有为了我的女儿我才可能考虑牺牲自我，其他的人，哪怕是我的母亲，在这种情况下我也

不会管的。因为成年人我抱不动，间不容发之际逃出一个是一个。”①作为一名人民教师，范美忠的言论与其角色的强烈反差在网络上引起了广泛谴责。为此，9 月 1 日教育部明确将“保护学生安全”列入《中小学教师职业道德规范》。

应该说，在一定的条件下，不同类型的网络群体性事件之间能够相互转化。在线行动型网络群体性事件有可能引发离线行动型网络群体性事件，也可能出现网上在线行动与网下离线行动联动型网络群体性事件；目标型网络群体性事件受阻后也可能转为发泄型网络群体性事件；公共权力滥用型、公共利益受损型、公共价值冲突型网络群体性事件之间也有可能相互转化。

第三节　网络群体性事件的特征

网络群体性事件除具有群体性事件共性的某些特征之外，还具有其独有的特征。

一、网络群体性事件产生的偶然性与突发性

由于网络爆料和外部偶然事件的突然刺激，大量的网民短期内聚集在互联网发声，网络群体性事件突然爆发。但并非所有具有刺激性的事件在网络上都能引发网络群体性事件，网络群体性事件具有偶然性。同样是拆迁自焚，宜黄拆迁引发舆论海啸，而株洲拆迁波澜不惊；爆料的信息，被网民看到和被网络意见领袖关注转发引起的结果会有很大不同；天涯社区的沉帖机制，使得能够置顶的帖子所涉及的事件发酵，下

① 范美忠. 那一刻地动山摇［EB/OL］. 天涯论坛，2008－12－29.

沉帖子所爆料的信息无声。

突发性表现为网络群体性事件何时爆发、以何种方式爆发、在事件的哪个节点爆发往往没有征兆，出人意料。梳理网络群体性事件可以发现，网络群体性事件有的有先兆，有的无先兆。有先兆的突发性是指造成事件发生的矛盾与问题已经形成，无先兆的突发性多表现为在某种特定事件的刺激下的突然爆发。

二、网络群体性事件参与主体的分散性和无关联性

现实的群体性事件往往有具体的利益目标，参与者大多具有同质性和相似的利益诉求。而网络群体性事件没有特定的关系集群和利益共同体，其参与者不一定与事件有直接的或现实的利益联系，也不一定有空间上的邻近。借助互联网，网民只要发帖、转帖、顶帖、关注、评论和围观，就可成为网络群体性事件主体，甚至网民在无意识状态下的点赞、顶帖，也可能成为网络群体性事件的主体。① 事件参与主体可以是草根网民，也可以是体制内精英，他们分别对网络群体性事件起到不同的作用。青少年网民是重要的参与主体，他们有强烈的正义感和道德感，渴望表达，展现自我，成为关注的焦点，甚至采用恶搞的形式以达到娱乐大众的目的。

网络群体性事件参与主体来自不同地域，可能参与目的不同，没有事前的组织性、策划性，甚至与事件不一定有直接利益关系，也没有互相的关联性，随机加入，随机退出，是一种松散的结合。

三、网络群体性事件传播的快速性

Web1.0 时代，网络群体性事件一发生，一般在 5 分钟内就被新闻

---

① 陈广蕾. 论互联网背景下的网络群体性事件［J］. 山东行政学院学报，2012（3）：49.

网站实时抓取，进入后台进行编辑加工，2～3 小时后即可置顶发布，引发网民关注，24 小时在网上的跟帖和讨论就会形成一个高潮。

Web2.0 时代，网络群体性事件中的本体事件发生的同时，微博上就开始了“现场直播”，这种即时性使得微博往往成为第一时间发布第一手信息的媒体。“喻国明认为，从传播扩散到形成网络舆情指向的大方向，需要的时间大概就是事发半小时到一个半小时之间，这一时间是危机处理和对舆情风向进行引导的最佳时机。”①

四、网络群体性事件指向的公共性

网络群体性事件虽主题多元，内容十分丰富，但只有能够吸引网民眼球的事件才有可能引发网络群体性事件。2011 年，由郭美美事件引发的红十字会形象危机，小悦悦事件引发的社会冷漠之争，一次又一次地击穿了社会伦理道德。社会敏感问题经常成为网络群体性事件的焦点，据中国人民大学《舆情月度报告》分析敏感问题主要体现为八方面。

“一是政府官员违法乱纪行为。二是涉及代表强制国家机器的政法系统、城管队伍。三是涉及代表特权和垄断的政府部门、央企。四是衣食住行等全国性的民生问题。五是社会分配不合理、贫富分化。六是涉及国家利益、民族自豪感。七是重要或敏感国家、地区的突发性事件。八是影响力较大的热点明星的火爆事件等。”② 可见，网络群体性事件主要是指向公共权力、公共利益、公共价值方面的事件。

① 姜胜洪．网络舆情形成与发展规律研究［J］．兰州学刊，2010（5）：9.

② 杨琳．网络舆情飙升背后［J］．瞭望，2009（27）：48－49；王涤尘．网络媒体如何做好舆论引导工作［J］．新闻传播，2010（4）：132.

五、网络群体性事件具有虚拟与现实的交互性

互联网进入 Web2.0 时代，网络群体性事件呈现虚拟现实化和现实虚拟化交织的态势。虚拟社会与现实社会之间相互渗透趋势明显，界限越来越模糊。网络媒体的社会动员功能日益凸显。

网络空间有可能引发现实事件，现实社会的群体性事件又能助推网络群体性事件。如重庆、三亚等地发生的出租车司机罢运事件，就是网络和现实联动的结果。

六、网络群体性事件理性与非理性并存

网络群体性事件发生后，互联网空间既存在理性的声音，又通常具有明显的情绪性、非理性。情绪性既在网民个体心态中存在，也在网民群体中发生作用。网络群体性事件经过暗示、模仿、情绪感染，参与者的非理性因素增加，情绪性具有明显的“同频共振”效应。由于网络社会是一个“陌生人社会”，缺乏现实社会的约束力，网民可以无所顾忌地发表言论，宣泄情绪，其群体极化倾向在网络上发生的比例远超现实生活，容易走向一种非理性的状态。

分析网络群体性事件时可以发现，在孙志刚事件、厦门 PX 项目等事件中，网民理性的争论或推动了中国收容条例的废除，或影响了厦门市政府政策的调整，对社会发展产生了积极作用。在对此类事件的评论中，多数网民采取了理智的态度与谨慎的言辞表达自己的看法，但是在林松岭事件、药家鑫等事件中，网民受到非理性情绪的支配比较严重，仇官、仇富、仇腐情绪蔓延，甚至发展到对当事人施以网络暴力、网络审判和现实生活中侵犯他人的权利。

七、网络群体性事件扩散的非线性

网络的无界性，使网民可以跨越时空的阻隔接收信息；网络的快速性，减少了信息的不对称。网络群体性事件扩散不再遵循传统媒体的线性扩散、单向扩散模式，而是呈现出非线性的特征。

事件的发源地既可能是网络新闻、网络社区、网络论坛、微博、微信，也可能是传统媒体，事件经由网络聚焦、放大后，马上突破其发生的地域。网络群体性事件的扩散既可能从网络媒体扩散到传统媒体，也有可能从传统媒体扩散到网络媒体，更可能是互动扩散；既可能是圈层化的网民小众传播几何级的增长，也可能是大众媒介的传播，也可能是小众传播与大众传播的结合。网络群体性事件的扩散会引发一系列连锁反应。一是同质牵连，指与危机具有相同或类似品质的人、事或者产品会受到牵连；二是因果牵连，指某一种危机导致相关危机的爆发；三是扩散牵连，指危机造成的心理恐慌使得人们把危机人为扩大到那些根本不存在危机的领域。①

八、网络群体性事件走向的难控性

由于网络群体性事件具有非线性系统的特征，往往由于微小因素的变化而出现难以预料的演变，网络群体性事件的扩散、衍生、耦合、转化方向具有不确定性。网络群体性矛盾如果处理不及时、不妥当，就可能激化。

网络群体性事件走向的难控性在于：网络舆论主导权是博弈的产物，既可能是网络意见领袖的主导，又可能由参与议论的网民数量和表

① 赵士林，彭红．现代危机意识与危机报道［J］．新闻记者，2004（10）：18；王想平，宫宇．危机传播的舆论形态与引导策略［J］．求实，2005（S2）：27．

达的强度决定，亦有可能是政府主导，也有可能受商业资本的影响。互联网的开放性，使得各种各样的信息都有可能传播，网站管理者也无法对网上的海量信息逐一进行检查评价。网络是个无界空间，如果引导不力，网络群体性事件就会放大，使局部问题扩大为全局性问题，个别问题成了一般问题，社会问题被视为政治问题，直接损害政府的公信力，影响社会稳定甚至危害国家安全。

第四节　网络群体性事件的构成要素

网络群体性事件是一个复杂系统，要素众多。影响网络群体性事件的主要因素有：一是诱因事件、次生事件与深层诱因的耦合程度；二是网络群体性事件中意见领袖的影响程度；三是网络群体性事件中网民聚集的规模大小与构成；四是网络媒体的关注度；五是政府管理网络群体性事件的效力等。网络群体性事件的演化是以上各种影响因素交互作用的结果，是多层次、多因素、多重反馈回路、非线性的复杂大系统。互联网时代的网络群体性事件已不再遵循传统群体性事件的直线型模式，网络的交互性、开放性使自上而下的信息流通方式演变为多元化、去中心、离散型、重反馈的多向互动型循环传播，具有典型的非线性特征，传统的群体性事件信息传播格局已经发生了新的变化。信息的传播与网民心理的作用机制成为网络群体性事件演化的最重要的机制。

一、诱因事件、次生事件与深层诱因的耦合程度

诱因事件必须具有较强的争议性、冲突性和刺激性，它既可以是大事件，也可以是小事情；涉事单位既可能是热门单位，也可能是冷门部门；涉事人员既可能在高层，也可能在基层。诱因事件通常是网络平台

上热议的对象。

如果诱因事件、次生事件与深层诱因的耦合程度较高，这类事件披露或爆料后由于话题的敏感度，网络群体性事件爆发的可能性就非常大，从而对互联网凸显的社会系统形成冲击。网络群体性事件本身显现出可能的破坏性，这种破坏性包括两种情形：一是有形的破坏，即由于线下行动爆发所产生的直接损失；二是无形的破坏，即对社会共识和价值观造成冲击。① 诱因事件、次生事件的敏感性主要表现为事件对公共利益、公共权力、公共价值体系形成的威胁程度的大小与直接影响的程度、关联度。

二、网络群体性事件中意见领袖的影响程度

网络意见领袖成为网络群体性事件的重要推手。他们在充分利用网民个体心理与群体心理的基础上，运用各种言论手段打动网民，从而推动或是改变网民的舆论态度与行为，以期对社会产生重大影响。② 网络意见领袖不再局限于传统意义上的社会精英阶层，不仅有专家学者，而且包括所谓的公民记者与草根网民，他们生活在社会底层，其特点是“有主张，少论据”，易于情绪化，但在现实社会生活中却具备一定的影响力，对于草根网民的意见形成有较大的牵引作用。

从已发生的网络群体性事件来看，网络意见领袖经常影响了事件的走向，如巴东邓玉娇案中的网民屠夫、江西宜黄拆迁案中的记者邓飞，都是导致网络群体性事件放大的关键人物，他们发布信息，分析和评论事件，提供建议，甚至在一定程度上还充当行动的倡议者。

---

① 齐佳音，等．突发性公共危机事件与网络舆情作用机制研究［M］．北京：科学出版社，2016：43.

② 余秀才．网络舆论：起因、流变与引导［M］．北京：中国社会科学出版社，2012：155.

网络意见领袖的影响程度表现为发帖数、被转发数、粉丝数等。Web2.0时代，网络意见领袖的影响程度表现为话语权，话语权代表了影响力。微博上曾流行的一段话："如果你的粉丝超过1000，你就是一个布告栏；粉丝超1万，就是一份杂志；粉丝超10万，就是一份都市报；粉丝超100万，你就是一份全国性大报；粉丝超1000万，你就是湖南卫视；粉丝超1亿，你就是CCTV。"① 这个段子形象地描绘了意见领袖的影响力。

三、网络群体性事件中网民聚集的规模大小与影响

"关注就有力量，围观改变中国。"这句话深刻揭示了网民聚集的规模大小与影响推动了网络群体性事件的走向。网民是指网民个体或群体，他们以网络作为互动手段，通过点击新闻，发帖、转帖、顶帖等表达情绪、态度和意见，参与到网络群体性事件发展进程中来。网民将自己的情绪、意见和态度以文字的方式呈现，持有相同或不同观点的人们同样使用文字的方式回复，从而形成互动，推动舆情的发展。② 网络群体性事件中网民聚集的规模大小与影响表现为：网络群体性事件的发帖数、跟帖数、转帖数（含微博转载量）、网民质疑度、帖子置顶数等。

四、网络媒体与传统媒体的关注度

网络是人们事件信息的主要来源，作为信源，经常成为传统媒体的新闻线索与信息来源。网络媒体对网络群体性事件的关注通常表现为新

---

① 名人微博：在舆论喧嚣里拷问公共责任［N］. 中国青年报，2011-7-21（11）；孟波. 认识微博 超越微博［J］. 新闻战线，2011（9）：7.

② 杨琴，胡明川，刘林沙，等. 政府网站在突发事件中的报道文本与传播效应分析——以"5·12"地震为例［J］. 图书与情报，2010（3）：87-94.

闻与评论增多，帖子置顶，极大地作用于事件的影响力。① 网民根据报道进行关注、讨论、发帖数急剧增加，近年发生的网络群体性事件概莫能外。网络媒体与传统媒体的关注度体现为新闻报道数、点击量、新闻跟帖数等网站人气指标。

从信息传播和信息反馈角度来看，传统媒体也是网络群体性事件形成的重要渠道。传统媒体因其报道具有深度、媒体公信力较强，借助互联网转载被公众广泛关注，媒介所关注的议题与重视程度深刻影响着人们感知和注意的内容。

五、政府管理网络群体性事件的效力

管理效力是指广义的政府在不确定性条件下，控制网络群体性事件蔓延的行动的能力与效果的总称。影响政府管理网络群体性事件效力的有：发布信息的不同层级政府的公信力、信息回应的及时性、议程设置能力、信息发布的策略、政府对非主流媒体的管控力等。议题管理、框架建构、议程设置、话语运用是政府管理网络群体性事件效力的体现。

网络群体性事件爆发后，尽管网络媒体在一定程度上会影响甚至设置政府的议程，但是政府也同样具备设置媒体议程的能力，② 引导和化解事件。

第五节　网络群体性事件的多重影响

网络群体性事件具有双重影响，邵道生在《光明观察》中认为，

---

① 齐佳音，等．突发性公共危机事件与网络舆情作用机制研究［M］．北京：科学出版社，2016：57.

② 李希光，周庆安．软力量与全球传播［M］．北京：清华大学出版社，2005：5－8.

网络群体性事件的正面功能主要有：丰富中国式民主的内容，有利于高层领导了解民意，有利于改进党风，有利于监督权力，有利于警示干部，有利于揭露腐败，有利于制衡“既得利益集团”，有利于缓和社会矛盾和社会冲突。①

一、网民表达民意和利益诉求的一种尝试

2008 年被称为“网络问政元年”。网络群体性事件聚焦于转型社会的贫富差距、权力腐败、行业垄断、社会民生、城乡二元分化等话题，某种程度上它是网络民意的一种表现形式和折射。

3G、4G 时代，网络技术深入发展，网络新媒体层出不穷，民意表达渠道得到进一步拓展。网络群体性事件已成为当前民众利益诉求日益增多，日益复杂化的重要表现，也是一种方便的、低成本的手段和渠道，在一定程度上扮演着社会发展预警指示器的角色。从 70 码、周久耕、表哥杨达才等一系列事件的论坛爆料，到宜黄事件中的微博维权，网络群体性事件已经成为民意表达的新尝试，且随着网络技术的不断深入，成为民意表达的重要手段。

互联网在政府与公众之间架起了直接沟通的桥梁，互联网成为了解民情、汇集民智的新渠道。网络舆论的不断壮大推动了网络舆情整体态势的发展，并逐渐发展成为民意上传的重要舆论工具。

二、零时差直播和发布事件信息

3G、4G 时代网络技术深入发展，信息的传播速度加快，网下事件几乎能够在网络上实现“同步直播”，微博新媒体为海量飞速的信息提

① “网络民主”十三论：“网络民意冲击波”［EB/OL］. 光明网，2009－06－09.

供了传播平台。[①] 移动互联网与微博自媒体融合促使信息传播高速化和实时化，信息内容海量化和多样化，传播方式超时空。“人人织围脖，新闻秒时代”的网络流行语十分形象地勾勒出互联网时代信息的快速有效传播。一旦发生网络舆情事件，论坛、博客及微博等往往同时引发舆论热议。[②]

2009 年 2 月 9 日晚，中央电视台大楼新址元宵节火灾现场，数千围观群众用手机设备在网络上实现了同步直播，其在网络论坛中的爆料抢在网络媒体、电视平面报道之前。由于论坛、博客、微博等网络新媒体本身具有较强的舆论号召能力，现实社会事件在网络同步直播后，能够短时间引起大规模的舆论热潮和围观，政府部门舆论应对的难度将加大。

三、诠释与设置网络群体性事件的议题

媒介具有议程设置功能。Urban 经过实证研究发现，在民众对社会公共事务中存在的重要问题的认识和判断与传播媒介的信息发布和报道之间，会存在一种高度对应的关系，也就是传播媒介作为“大事”加以报道的事件，同样也作为大事反映在公众的意识之中。传播媒介所给予的强调越多，公众对该问题的重视程度就会越高。[③] 麦克姆斯（McCombs）和肖（Shaw）（1972）证实了议程设置（agenda - setting）这一猜想。议程理论认为，公众更倾向于关注媒介所关注的议题，并且会依据媒介对各种议题的重视程度而确立自己对事物重要程度的优先顺序

① 王敏．从网络问责的特征与过程看新媒体的舆论监督作用［J］．当代世界与社会主义，2012（3）：189.

② 王敏．从网络问责的特征与过程看新媒体的舆论监督作用［J］．当代世界与社会主义，2012（3）：189.

③ Urban D. Quantitative Measurement ofPublic Opinions on New Technologies［J］. Scientoraetrics，1996，1（35）：71 –92.

和看法。① 即在媒介中被注意的内容，将被人们感知为最重要的内容。

网络群体性事件中，各方通过信息的筛选与编排，影响网民对当前议题以及议题重要程度的认识，引发网民对原议题和衍生议题的持续关注。所以，网民和媒介之间的互动主要体现在网民的信息来源是媒介，而且在情绪以及意见尚未形成的阶段，媒介的议程设置就会影响网民的态度形成。网民作为信息的创造者、传播者和接受者同样可以形成议题。所以从网民的角度来说，舆论动向及变化也会促使媒介进行跟进或引导。媒介的议程设置理论将网民及网络紧密地联系在一起。② 议程设置不仅关注哪些议题应该被强调，同时也关注这些议题是如何被表达的，其对受众可能会产生什么影响。议程设置理论肯定了媒体对普通民众的影响作用，并且为本研究中网民、网媒之间的互动提供了理论依据。③

总之，网络群体性事件的议题设置决定什么是我们应该关注的，什么是我们生活中最重要、和每个人关系最密切或者最能满足我们好奇的信息。应该说，网络媒体也许不能决定你如何想、如何做，但在决定你想什么方面往往比较有效。

四、倒逼网络群体性事件解决的走向

网络群体性事件一旦爆发，影响巨大，社会广泛关注，上级政府经常通过问责介入事件，或者促使本级政府对事件高度重视并着力抓紧解

① Mccombs M E, SHAW D L. The agenda - setting function London of mass media [J]. The Public Opinion Quarterly, 1972, (2): 176 - 187.

② 李莉，张咏华. 框架构建、议程设置和启动效应研究新视野——基于对2007年3月美国《传播学杂志》特刊的探讨 [J]. 国际新闻界，2008 (3): 5 - 9.

③ 阎克文，江红. 公共舆论 [M]. 上海：上海人民出版社，2006：245 - 256；张一文. 突发性公共危机事件与网络舆情作用机制研究 [D]. 北京：北京邮电大学，2012：27.

决，使事件得以妥善处置，舆情较快平息；同时，网络群体性事件对进一步规范权力运行、减少公权行为不当、推进政策与制度的完善，起到一定的作用。

事件产生的强大舆论压力，倒逼政府对相关网络事件的治理。一方面，它往往能促使事件得到合理的解决，推动了相关问题公共治理的进程，促进了社会进步。如“孙志刚事件”推动了收容制度的废除；对“温州 7·23 动车事件”的处置工作，改进了铁道部及高铁的管理的相关问题；唐慧上访案推动了劳教制度的废除。另一方面，网络舆论负面效应会在一定程度上妨碍相关问题的解决。如许多事件中，舆论和民意影响到司法判决。再如，郭美美炫富事件直接导致了中国红十字会的公信力大跌。网络民粹主义盛行，仇官、仇富、仇腐言论流行，网络群体极化现象突出，给网络群体性事件的治理带来了不确定性和治理难度。

上访不如上网，网络群体性事件的成功范例使网民感受到了网络的巨大威力。网民在遇到问题时，会毫不犹豫地选择互联网作为爆料、发声的首选途径。网络群体性事件沿袭了“事件曝光→舆论关注→上级重视→快速解决”的路径，如果没有网络媒体的参与，没有网络这一平台，事件的结果难以估量。

五、加速了网络负面消息和网络谣言产生

随着自媒体时代的到来，网民变为公民记者，手机变成直播设备，微博变成直播平台，传统媒体中的把关人作用缺失。网民成为信息内容的生产者和发布者，他们不经核实便在互联网空间传播信息，加速了谣言的传播。

谣言无疑是瓮安事件从酝酿到爆发的催化剂。从 2008 年 6 月 22 日李树芬之死到 28 日发生打砸烧事件的 6 天里，谣言在瓮安县城广泛传播，流行了好几种版本。例如：“死者脖子上有多处伤痕，显然是被掐

死的!”“瓮安副县长的儿子伙同另外一个社会青年把瓮安县三中一女生强奸并残忍杀害。”“女学生的叔叔在与公安人员的争执中被打死!”等。谣言的传播动员了社会底层民众的情感与力量，尤其在信息较为封闭的环境中，特别是在主流媒体集体“失语”的状态中，谣言便获得了极大的衍生空间。每一个获知事件某一细节的人，每一个渴望事件真相的人都会变成积极主动的谣言传播者。瓮安事件的谣言传播第二个阶段是在打砸烧事件发生后，由于政府部门没有及时向社会说明事件情况，通过互联网等新媒体，瓮安事件的谣言传向全国。广为流传的瓮安事件打砸烧的暴力图片，七拼八凑的事件解读，个性化、片段化、截面化的瓮安事件照片，解读在互联网上经过网友们的多元演绎，更是神乎其神。通过互联网等新媒体，瓮安事件的谣言传向全国。直到6月30日省委书记石宗源赶到瓮安县现场指挥事件处置，并召开新闻发布会，主动权才回到政府一方。①

“郭美美事件”中，天涯论坛上爆料的“红十字会副会长郭长江戴名表、儿子驾名车”的谣言，② 引起众多网友的声讨，网络舆情不断高涨。

六、为破坏性政治动员提供了基础

互联网和手机的信息传播在集体行动中发挥着组织动员作用，游行示威集结之快、人数之众、主题之明确、形式之松散、组织者之隐秘的特点，得到前所未有的展现。③ 人称“互联网革命思考者”的克莱·舍

---

① 谢新洲. 舆论引擎：网络事件透视［M］. 北京：北京大学出版社，2013：119－120.

② 红十字会副会长郭长江，父戴百达翡丽豪表，子驾玛莎拉蒂车！［EB/OL］. 天涯论坛，2013－01－16.

③ 闵大洪. 2005年的中国网络媒体［J］. 南京邮电大学学报（社会科学版），2006（1）：2.

基指出："社会性软件让人们拥有了前所未有的组建群体和共同行动的能力。"① 其无边界、去中心的传播关系网络，使每个网民都能即时"动员"和"被动员"，从而最大限度地释放了社会动员能力。

网络群体性事件对现实群体性事件具有放大器和助推器的功能。掌握了互联网技术的普通民众或政治家，利用这些新的工具，在网上及网下组织动员活动，试图对现实事件产生影响甚至推动社会变革。在突尼斯、埃及事件中，无一例外，自始至终网络群体性事件都发挥着至关重要的作用。尽管不少专家认为，事件的根源还是两国现实政治、经济、文化和社会等领域出现了严重的问题，如政治上官员腐败现象比较严重、经济上贫富差距过大、文化上面临国内外各种观念冲突、社会上失业人口过多等。但是，如果没有来自互联网的大规模破坏性政治动员，两国政坛不会这么快风云突变。互联网在一些节点上发挥了有目共睹的巨大作用，起到了加速器效应。

七、损害党和政府的公信力

2011年温州"7·23"动车事件中，在其他媒体还处于"缺位"状态时，微博迅速爆料，大量转发信息和评论，病毒式传播中大量谣言滋生并以谣传谣，其后各种声音铺天盖地，严重影响事件的处理，政府公信力受到影响。

综观已发生的事件，涉及公共权力、公共部门、公共利益、公共价值等的事件是网民关注的焦点，网上仇贪、仇腐现象频发。以陕西"华南虎照"事件为例，网民由最初质疑华南虎的真假，最终演变成对管理部门公信力的考问，各种猜测、流言充斥着网民的眼球，使管理部

① 克莱·舍基. 未来是湿的［M］. 胡泳，沈满琳，译. 北京：中国人民大学出版社，2009：13.

门公信力受到严峻挑战。

八、对国家治理与执政安全可能构成严峻挑战

2010年底，在突尼斯发生的政局变动中，社会化网络媒体是关键的助推器。虽然当时突尼斯的网络一直处于严密监控状态，但唯独Facebook没有被禁，而1100万突尼斯人中有200万Facebook用户。于是，Facebook和Twitter成为当地示威人群互相联系的最重要阵地，在突尼斯的“茉莉花革命”中起了推波助澜的重要作用。12月17日，失业大学生青年自焚事件更是火上浇油，将原本就积累已久的矛盾点燃。由此，在反对派的精心策划与推动下，引发了一场全国性的抗议活动。事件爆发之后，突尼斯网络监管部门开始封锁关键的新闻网站以及抗议者创建的Facebook页面，并试图通过窃取异议者和活跃分子的账号监视抗议活动、压制反对声音，监管部门开始“堵漏”。大量网民通过代理、加密和VPN（虚拟专用网络）绕过审查。此外，还有匿名组织发动了代号为“突尼斯行动”的网站攻击行为，使突尼斯监管机构的网站瘫痪。①

社交网站等网络新技术带来的强大的传播能力和组织能力，构成了对国家治理的挑战，不仅是中东北非国家，发达国家也面临着同样的风险。2011年8月，英国伦敦及周边地区爆发了一系列社会骚乱事件。8月4日，警方在伦敦北部托特纳姆区射杀了一名年轻男子马克·达根（Mark Duggan），这一事件成了骚乱的“导火索”。此事发生后有人在Facebook上为他成立了一个页面，很快便吸引了上万名粉丝。管理员发起了“抗议警察暴行”游行。8月6日，约300人聚集在伦敦托特纳姆

① 方亮.“茉莉花革命的幕后推手”[J]. 南都周刊，2011（4）；张永汀. 中东北非国家变局中的网络新媒体作用[J]. 理论导刊，2012（1）：108.

路警察局附近抗议示威，晚上，示威演变为暴力事件，200 多名青年在夜色中朝警察密集投掷砖块、酒瓶、鸡蛋等物品，引发骚乱。接下来的几天，骚乱的规模持续扩大，并且向伦敦周边的伯明翰、利物浦、诺丁汉等城市蔓延。一些骚乱分子利用黑莓手机互相通气，通报警方动向，商讨攻击目标。还有人用群发功能散布大量鼓动骚乱的言论。①

从以上多个国家发生的“骚乱”或所谓“革命”经验中，我们可以清楚地看到，网络群体性事件对现实群体性事件具有放大器和助推器的作用。

① 杜晓. 伦敦骚乱：新媒体扩大事端挑战国家治理能力［EB/OL］. 央视新闻网，2011－08－11.

第二章

网络群体性事件产生的原因

网络群体性事件频发的原因是多方面的，既有社会现实问题引发的原因，也有网络技术和网民群体心理行为机制方面的原因，还有领导干部与新媒体打交道的能力相对薄弱、网络执政能力差等原因，这些因素交织起作用。

第一节　社会急剧变革引发的各种效应是网络群体性事件产生的现实根源

一、网络群体性事件是现实矛盾在网络上的折射

改革开放以来，我国实行市场化改革，利益分化、贫富分化出现，利益关系与利益格局重组。过于强调“效率优先”一定程度上造成了市场资源“不均等”，收入、分配和消费的不均等以及机会的不均等。改革开放40年来，一方面我国综合国力取得很大发展，另一方面存在社会利益失衡的情况。虽然党和政府已想方设法作出相应调整，力图实现社会公平，健全与完善各类社会保障机制，但要彻底解决这一问题仍有较大难度。正如亨廷顿所指出的：“从长远看，经济发展当然会创造

出比传统社会更为平等的收入分配方式。但是在短期内，经济增长的直接影响往往是扩大收入的不平等。经济迅速增长的成果常常被少数集团所垄断，而由此产生的弊害却会由多数人去分担。”①

网络群体性事件可以说是现实矛盾在网络上的折射。生活当中不断受挫的处于社会底层的人士，也有表达诉求的意愿。他们看到互联网展现的力量后，往往认为最快、最直接与最有效和比较安全的方法，就是在互联网空间发声。另外，中国社会出现的一些不良社会现象使得某些社会精英也不时感到沮丧，产生不公平感和挫折感。他们渴望实现社会阶层的纵向流动，希望扩大参与，增加话语权。他们希望在网络上公开发声，表达诉求，以推动事件的解决和社会的发展。

二、一些公职人员的腐化引起了网络舆论的极端情绪化

公职人员的“腐化”极易造成网络舆论极端情绪化，导致党和政府公信力下降。网民们用网络文字赋予官民对立的图景，一边是强势的官员，另一边是无权的底层百姓。“这种二元对立的图景植根于公众的潜意识中，形成刻板印象，且不断被现实和想象所证实。”② 当今我国虽然反腐败力度很大，但网络曝光腐败依然会引来网络舆论的“高潮跌宕”及极端情绪化。而少数网络曝光将个案普遍化、一般化，则放大了负面影响，影响党政部门的公信力。

网民网络诉求的背后，源于某些官员不能代表与保护老百姓的切实权益。因此，凡涉及公权力部门、公职人员的网络群体性事件，无一例外成为网络热点，并滚动性发散。如“史上最牛干部出国旅游清单”“史上最牛公章”“天价烟房产局长”“天价表县委书记”“官太太团出

① 塞缪尔·亨廷顿. 变革社会中的政治秩序［M］. 李盛平，杨玉生，等，译. 北京：华夏出版社，1988：58.

② 邓聿文. 从邓玉娇案的舆情看社会的断裂［N］. 中国青年报，2009-05-22（02）.

国事件”等网络文章，瞬间突破百万点击量，传播迅速，影响深远。引起聚焦的原因在于民众“仇官”“仇富”“仇腐”“窥秘”的心理。特别是在社会转型的大背景中，由公职人员引起的网络群体性事件，一方面相关“三公部门”的负面消息，引起多元化的网络表达；另一方面从“石首抢尸”到“巴东邓玉娇事件”，再到“宜黄拆迁”“临武城管打死瓜农”事件，出现的是舆论一边倒的批判现象，这一点值得我们深思。

综上所述，网络群体性事件聚焦在民与官、民与富等关系上，涉“官”、涉“富”、涉“腐”事件是网络中引发众声喧哗的敏感词，“官二代”“富二代”成为网络群体性事件爆发的众矢之的，仇官、仇富、仇腐的情绪在网络中普遍存在。

第二节　网络意见领袖和关键帖子是网络群体性事件爆发的重要催化因素

一、网络意见领袖对网络群体性事件的产生影响巨大

（一）网络意见领袖影响众多网民

美国传播学者拉扎斯菲尔德在20世纪40年代研究美国总统大选的成果《人民的选择》一书中发现了在人际交流中对他人态度产生影响的“意见领袖”（Opinion Leader）。研究发现，大多数选民获取信息并接受影响的主要来源是这些“意见领袖”，意见领袖充当媒介信息和影响的中继和过滤环节，对传播的效果产生了重要影响。①

① 余保刚．网络论坛、公共领域与舆论引导［J］．领导科学，2011（26）：28．

在网络时代，意见领袖呈现出多元化与全民化的特征。那些“引起网友广泛支持，甚至一呼百应的论坛活跃分子才是真正意义上的舆论领袖”①。他们有大量的追随者，其一举一动、一言一行都易引起网络激荡。如山西“黑砖窑事件”中的“中原老皮”、“华南虎事件”事件中的傅德志、“娄烦矿难事件”中的孙春龙等，他们或是提供信息，或是发表意见、评论，引起大量网民的聚焦。他们发帖较多，帖子点击率高、影响大，引起大量网民的跟从与回应，围绕他们迅速形成信息的二级传播。

（二）影响网络群体性事件的走向

网络群体性事件中，网络意见领袖作用巨大。他们关注热点，反应迅速，发帖积极，往往能抢占舆论先机，影响舆论的主题和倾向，设定网络空间的议程，界定他人讨论的框架。网络意见领袖高举舆论监督的大旗，以富有鼓动性的语言对政府、企业和社会机构进行直言不讳的批评，因此容易得到民众的追捧。② 巴东邓玉娇事件中的网民屠夫、江西宜黄拆迁案中的记者邓飞，都是放大事件影响的关键推手，在他们的参与推动下，大量网民围观事件，形成了网络舆论热潮，全国网民对受害者的声援绵延不绝，对地方政府的抗议群情汹涌，影响和改变了网络群体性事件的走向。

二、关键帖子刺激了网民的情绪与神经

在“邓玉娇事件”中，“烈女斗贪官”“邓玉娇无罪”这样的言论经过网络意见领袖、网民多次传播在网上广为流传，网络上先后出现“烈女邓玉娇传”“侠女邓玉娇传”等关于邓玉娇案的热门网帖，邓玉

① 余红. 网络论坛舆论领袖筛选模型初探［J］. 新闻与传播研究，2008（2）：68.
② 陶文昭. 重视互联网的意见领袖［J］. 中国党政干部论坛，2007（10）：29.

娇也被称为“2009年第一烈女”“侠女”，甚至有人为其立传。这些帖子反映的也确实是真实的民意，可是在互联网时代，释放信息是为了争取支持、激起舆论、获得话语权。帖子从某种程度看是一种认知模式、解释框架和情感倾向，它之所以获得热捧是因为它唤起了人们的集体记忆与道德感。

第三节 网络的技术优势为网络群体性事件的放大提供了条件

一、日渐丰富的互联网应用是网络群体性事件威力巨大的技术基础

Web2.0技术打破了互联网以往的传播格局，网民不仅可以选择和接收信息，而且可以参与到互联网内容的生产和创造，人人面前都有了麦克风。Web2.0主要是指Blog、TAG、SNS、RSS、Wiki、网摘、P2P和即时通信（IM）等一系列社会化媒体。Web2.0的推出使得不同地域的陌生人可以通过虚拟空间紧密联结在一起，相互交流。

Web2.0改变了网民原本只能读取信息和回帖的交流模式，网民可以自主选择需要的信息，也可以参加到互联网内容的生产和创造中来。通过Web2.0的交互平台，网民的网络圈层迅速形成，构建了一个个各具同质性的网络社群，实现了虚拟社会的人际交往，加快了社会信息的流动。

与传统网站内容是由编辑选择推荐相比，3G、4G时代网络信息流动完全由用户主导，促使传统网络媒体由“网站—网民”转变为“网民—网民”模式。用户一方面可以自己发布信息，另一方面可以自己定制信息，碎片化、离散性信息泛滥成为突出现象。由于信息发布无须

审核与把关，人人可以成为信息的生产者和传播者，时时处处都能发信息，有力地冲击了现有的信息传播秩序和规则，使传统的把关机制受到严重挑战。

二、互联网提供了一个前所未有的公共讨论空间

互联网为公众提供了一个前所未有的意见互换、信息共享平台，也为大众提供了一个前所未有的公共讨论空间。由于 Web2.0 技术的推广及应用，网民可以随时随地就公共事件发表观点，信息发布具备了“对话性”，信息传递从单向变成了双向甚至多向。在 Web2.0 时代，公共话语权由过去的媒体精英或知识精英垄断转变为如今理论上所有网民都能参与讨论、发表意见。而且由于网络的隐蔽性，人们在网络上发表意见更为大胆，意见的真实程度更高，在一定程度上网络新闻评论的批判意识更浓,① 情绪性言论更多，多元化特征更加明显。网络空间在一定程度上成了多元意见的聚集地。

网络公共空间的信息传播广度与速度具有病毒式扩散的特点，且越是有争议的观点，越未经核实的信息就传播得越快，其影响范围从普通人际交流生活圈，扩散到社会的各个角落，各个层次。网络传播中的“弱纽带”关系成为传播的主要网络。

三、互联网与手机结合实现了网络群体性事件的现场直播

随着 3G、4G 时代的到来，互联网与手机的结合，人们通过随身携带的手机可以随时、随地收发信息。这些信息不仅有文字，还包括现场图片与视频。许多便捷的社交软件如微博、微信、QQ 也搭载于手机

① 李良荣，傅盛裕. 网民新闻评论呈现社会主流价值观——以近半年来两起“跨省”事件的论坛跟帖为例［J］. 新闻记者，2011（6）：5.

上，通过这些人们可以随时随地与外界直接进行文字、声音、影像交流。任何一位传播平台中的网民，都可对突发事件进行全程直播。例如“石首事件”中，一位网民就实时报道街头消息 200 多条。3G、4G、5G 手机使得若干社会突发性事件的传播再无屏蔽障碍，网民们随手拍、随手发，其新闻发布经常赶在层层审核的传统媒体之前，直观地甚至碎片化地展现出来。

四、新媒体使网络群体性事件的内容生产和即时传播成为可能

微博可链接图片、视频，其跟从者不需博主认可，一些“意见领袖”的微博跟从者逾百万，相当于一个小时政论坛，博主的一言一行影响与牵动着其追随者的情绪。微信的私密性使得信息把关具有难度。微博与 QQ 等新媒体与手机结合，使得信息的即时传播成为现实，其无须审核、即时发布、迅速传播的特点，使得网民随时随地可成为新闻的制造者、发表者和传播者。

微博作为一种新的传播形态，催生了网民自主产销信息的传播机制，分众传播在这里凸现，大众传播在这里弱化，增加了网络群体性事件发生的概率和频率，加速了舆情信息的聚合与扩散。①

网络群体性事件中，个人对个人的点对点传播产生即时信息源头，群组讨论的“分众传播”进一步加速了舆情的聚合与扩散，媒介融合的“大众传播”助推舆论风暴的升级。

---

① 卿立新. 微博时代网络事件传播规律与处置探讨［J］. 求索，2010（12）：83.

第四节　网民的心理与行动是网络舆论的重要演化动力

一、匿名心理

在虚拟世界中，网民的心理与现实世界有较大的差异，由于网民发言身份隐蔽，缺少现实社会的约束与有效的监督，往往言论更为大胆、更为感性、更为情绪性化和更为片面，甚至会把互联网作为发泄情绪的场所。① 这种情绪化言论很容易得到网民的感染和响应，具备强大的网络煽动性。

二、发泄心理

在经济与社会高速发展的今天，人们时时处于高节奏、高强度、高压力的状态之中，不单是身体辛劳，精神也时时处于紧张状态。一些网民寄情于网络，希望通过这种开放的、匿名的途径来释放精神压力，网络成为其抒发内心苦闷和情绪的最佳去处。互联网中，人们可以隐匿身份，没有现实的约束限制和顾忌，可以尽情倾诉与发泄。又有一些人表现欲强，也可以借助网络平台尽情展现自我。许多网民往往不管网上的话题是否与自己有关、是否感兴趣，喜欢凑热闹发帖，一些言论大有“语不惊人死不休”的气势。

三、极化心理

网络的互动性使得网民易相互感染形成一边倒的“极化心理”。在

① 王敏. 从网络问责的特征与过程看新媒体的舆论监督作用［J］. 当代世界与社会主义，2012（3）：189.

互联网中，观点相近的网民沟通更加频繁，出现信息茧房现象，加上意见领袖的影响，网民群体的态度更容易走向极端。尤其在网络群体性事件中，“群体极化”现象十分突出，信息流动与群体心理扩散呈现一定的对抗性特点。

四、闹大心理

“围观产生力量，围观改变中国”，互联网展示了强大的舆论力量，改变了一些政策议题与议程。许多人遇到不能解决的现实难题便开始在网上发帖寻求帮助，力求引起注意引发舆论。许多网络群体性事件都是有一定利益诉求和心理预期的：一是“闹大才重视”的心理，特别在涉及拆迁、征地、村务管理、企业改制等矛盾时；二是“热衷曝光”的心理，特别是涉及干群矛盾、警民矛盾以及贫富矛盾时，存在网络炒作心理。①

五、共鸣心理

网络群体性事件中，网民群体的形成与个体的利益取向、价值倾向、情感好恶紧密相关，利益意识、价值共振和情感共鸣是网络群体性事件生成的心理机制。网络意见领袖言说的情感使网民感同身受，表达的利益得到他人的赞同和呼应，提出的价值观念容易引起共鸣，就很可能引发网络群体性事件。

网民具有趋利避害的取向，他们往往以自己的利益为出发点，决定自己参与网络群体性事件的态度与行为。

① 喻国明，李彪. 2009年上半年中国舆情报告（下）——基于第三代网络搜索技术的舆情研究［J］. 山西大学学报（哲学社会科学版），2010，33（2）：129；钟龙彪. 网上群体性事件的特点、生成及消解［J］. 湖南行政学院学报，2010（2）：36.

网络群体性事件的产生，价值共振（认同或反对）为主要因素。在网络群体性事件中，当事件反映的价值取向与网民既有的价值观一致时，网民就对其产生肯定性的态度，当网络群体性事件所呈现出的价值取向与舆论主体既有的价值观相冲突时，网民会对舆论对象产生否定性的态度。价值观可以分为两类：核心价值观与非核心价值观。舆论对象的价值取向与社会核心价值观密切相关时，网民的言论和反应一般来说较为激烈。

网络群体性事件之所以能够高倍放大为全国性事件，是因为网络动员放大了事件的利益、情感和价值，刺激了“潜在利益相关者”的神经，引发了非直接利益网民的强烈共鸣。

第五节　领导干部应对新媒体能力薄弱是网络群体性事件产生的直接原因

目前一些领导干部与新媒体打交道的能力相对薄弱，对网络空间重视不够，网上执政能力差。

由于传统政治的惯性，我国有相当一部分政府机构和政府官员依旧以传统的方式面对网络背景下的社会和社会变化。他们对网络的民意表达相当陌生，一是忽视网络意见，认为这不是主流媒体，没有意识到事件的严重性；二是面对新的意见表达方式束手无策，不知怎样应对；三是缺乏技巧，他们生怕有所纰漏，授人以柄，不愿面对媒体，也缺乏应对媒体的技能。具体而言，有以下问题。

一、信息披露严重失语

很多领导干部认为网络群体性事件真相未调查清楚之前，容易出错，不宜发布信息。少数部门害怕事情公开后越描越黑，对事情的处理更加不利。干脆先封锁消息，等到事件处理妥当后，再公布于众。或者认为上级部门能处理、解决与摆平所有问题，问题解决与定性归口于上级部门，一切按照上级部门指示来办。在上级部门没有表态前，告知群众反而会给工作添乱。殊不知，越隐瞒，越有人好奇；越不公开，越有人怀疑。政府职能部门如果不在第一时间关注事件，发布信息，公众将对事件进行无尽的想象与猜疑，留给谣言广泛的炒作空间。等到网络谣言到处传播时，政府部门不得不花费更多的人力、物力与财力去辟谣。

二、沟通不畅失声

网络媒体的影响力不容忽视，网络群体性事件处理中，媒体应对是必不可少的工作环节。一些领导干部不了解网络时代的新变化和新媒体规律，习惯把媒体当工具用，把媒体当部下使，让媒体只能做正面宣传，不能发出批评的声音；当媒体的传播与自己的主观意愿违背时，一些官员就排斥媒体，甚至对采访设置重重障碍，封锁信息，为不实信息提供了流传空间。虽然最后公布的是真实信息，但仍然会引起媒体和社会的怀疑，导致老百姓经常变成了“老不信”。

三、信息披露迟缓失机

政府有关部门对网络群体性事件报道过于谨慎和迟缓，主要有三大理由：一是事件的真相调查需要时间，待事件清晰后再发布信息；二是担心信息发布后会产生不必要的惊慌，引起社会混乱；三是怕应对不当带来负面影响。在信息处置中，一般是政府或主管部门负责处理事件本身，地方党委宣传部组织协调当地报纸、电视等主流媒体记者采访，成稿后视事件性质请有关部门主管或党委或政府秘书长甚至党委和政府主要领导签字审定稿件，再予以播出刊发。这样的工作机制，使处理事件和新闻报道自然而然成为两条工作线。有时会出现新闻单位和宣传部门觉得事件本身需要让群众了解，有报道价值；但有关部门认为网络群体性事件还在处理当中，或因种种原因暂时还不需要报道。而事实上，特别重大的网络群体性事件的信息披露，还需要当地党委和政府的主要领导来确定是否报道和如何报道，往往会因此而延误时机。等到事件的来龙去脉核实后再统一口径报道披露，谣言与猜测早已经满天飞了。当今社会已经进入“后把关人”时代，依靠人为控制信息的传播在信息社会中已行不通。我国的新闻“把关人”制度对新闻传播媒介无论在管理观念还是在管理制度上均出现滞后、不适应状况。① 在网络时代，及时披露信息，还真相于民众，才是明智之举。

第六节　网络媒体为争夺眼球与第一发布时间导致网络群体性事件频发

对于网民这个特定群体来说，网络已经是其获取信息的首要途径。

一、媒介炒作

媒体炒作在网络群体性事件的裂变过程中发挥了巨大作用。网络媒体的点击率直接影响其广告收入，在巨大的经济利益的驱动下，各大网络媒体竞相吸引数亿网民。网络媒体大力炒作某一网络群体性事件，其背后主要动因是在争夺网民和点击率。网络媒体的生存依靠网民，网民的点击量决定网络媒体的生存状态。为了获得更多的关注，必须进行新

① 王敏，覃军．网络社会政府危机信息传播管理的困境与对策［J］．当代世界与社会主义，2012（1）：128.

闻炒作，其炒作方式表现为：首先，是一则小新闻爆料；进而有媒体跟进、聚焦，放大其中的要素并借题发挥，将更广泛的问题或议题联系起来；其他媒体为了争夺点击率，争先恐后参加进来；吸引了更多的网民参加讨论后，媒体之间产生共振，甚至可能导致网民离线行动的发生。

二、部分媒体社会责任的缺失

为了追求经济效益，部分媒体社会责任缺失，点击量成为衡量新闻好坏的标准，新闻稿成了标题党，从题目设置、新闻解读、描写用词等方面都是为了博眼球，追求“耸动元素”。尤其是在注意力经济、眼球经济、点击率大行其道时，媒体建立高度的社会责任感就显得更加紧迫。

三、部分网络媒体片面追求新闻的时效

部分网络媒体把新闻的时效性放在第一位，将能否首发作为传媒实力的标志，吸引网民和广告投放的重要手段。一些新闻门户网站曾经为了即时传播新闻，过度依赖网民们的自由投稿，加上基于新闻时效性而对网民投稿的新闻不能逐个进行核实，这种“不守门”“不把关”现象一度广泛存在，导致网络传媒中虚假新闻、负面新闻频发，谣言四起，对网络群体性事件起到推波助澜的副作用。

进入互联网时代，“凡是有网页的人都成了出版人。在因特网创造的环境中，纸张、装订、发运和广播的成本，全部消失了。因特网拉开架势，要把把关人的门砸烂。”① “在大众传播史上第一次你将体验不必是有大资本的个人就能接触广大的视听群。因特网把所有人都变成了出

① 保罗·莱文森. 数字麦克卢汉——信息化新纪元指南［M］. 何道宽，译. 北京：社会科学文献出版社，2001：180.

版发行人，这是革命性的转变。”①

第七节　属地管理的体制难以有效治理跨越时空的网络群体性事件

一、网络群体性事件实行属地为主的管理体制

我国目前对互联网实行属地管理为主的体制，网络群体性事件的处置工作一般由地方负责，即由事发地的县级以上党委和县级以上地方人民政府负责，其中，又主要是由事发地的县级党委和人民政府负责。

根据现行应急管理体制，县级以上党委和县级以上地方人民政府应急管理体制，主要包括以下内容。

一是县级以上人民政府成立统一的应急指挥机构，以整合资源，统一领导、协调本级政府各有关部门和下属机构开展突发事件应对工作。该指挥机构应当由政府主要负责人担任，名称可以叫应急（突发事件应对）委员会，或者叫应急领导小组等，其办事机构是县级以上地方人民政府设立的应急办公室。②

二是如果实际需要，县级以上地方政府也可以设立相关类别的突发事件应急指挥机构。这里的实际需要，主要有两种情况，一种情况是某类突发事件专业性较强且影响比较单一；另一种情况是现场应急处置的

---

① 约翰·布洛克曼．未来英雄——33 位网络时代精英预言未来文明的物质［M］．汪仲，邱家威，韩世芳，译．海口：海南出版社，1998：108.

② 张克锋．关于应急机制建设的探讨［J］．边疆经济与文化，2009（7）：56；袁海英，李娜．重大突发性水污染事件应对机制研究［J］．法学杂志，2010，31（7）：101.

需要。因此，这种相应类别的突发事件应急指挥机构，通常是由人民政府副职担任负责人的防汛抗旱指挥部、防震减灾指挥部等常设的议事协调机构，也可以是指挥现场应急处置工作的临时指挥机构。

三是县级以上地方人民政府设立的应急指挥机构都是议事协调机构。当属地政府无力应对或无法有效应对时，则需要建立以属地政府为主、上级政府协助的组织协调机制，上级政府予以人力、技术和物资援助等各方面的支持，保证属地政府进行及时有效的处置；当突发事件成为跨区域的事件时，上一级政府为主负责应急处置；当重大突发事件发生时，国务院统一指挥、各地方政府积极配合响应。

但是，以往网络群体性事件的处置工作并未包含在上述危机管理体制之中。多在宣传部门建立相关管理机构，同时兼具互联网内容管理的职能。2014 年 2 月中共中央网信办和国家网信办成立后，各省相继配置了管理机构，但依然未改变属地管理的体制与原则。

二、属地为主的管理体制难以应对跨地域的网络群体性事件

我国传统的应急管理体制是一种建立在政治动员基础上的平战转换和部门分割型体制，存在临时性、模糊性、协调不畅等问题。① 由于责权利界定不清，使得在突发事件发生时各地区、各部门职责不明，易丧失最佳时机。

目前的应急管理中，各部门沿用的是由条块分割及其分管领导各自为政地应对突发公共事件的管理模式。日常管理工作中所存在的部门分工和分管体制在非常规的应急管理工作中经常难以有效协作，难以形成完全有效的合力。在遇到类似网络群体性事件这类综合性突发事件，需

① 胡颖廉. 中国应急管理组织体系比较研究——以突发公共卫生事件为例［J］. 北京科技大学学报（社会科学版），2012，28（2）：138.

要多部门联合协同行动的时候，这种各自为政的应急机制就会暴露出运转低效、缺乏协同的缺陷。“面对互联网技术和应用的飞速发展，现行管理体制存在的明显弊端，主要是多头管理、职能交叉、权责不一、效率不高。”①

要防止这种负面的外部效应的蔓延和影响，必须在国内建立某种政府间的协调联动机制。但是，在我国现有的行政管理体制中，以行政区域为管理单元实行管理的、自成一体的管理格局已经形成了一种惯性思维，地方政府更多的是按照政府层级在垂直方向上发生关系，即自上而下或自下而上的信息传输，所以，在没有从属关系的地方政府之间缺乏一个日常的合作机制；再加上我国的政府应急管理体制中明确提出了以属地管理为主的原则要求，使得没有隶属关系的地方政府之间的联动就必然存在一些包括信息传输不畅等方面的问题。在这种情况下，一般要由两个区域政府所拥有的共同上级政府来协调和制衡，即通过上级政府的行政命令来实现协作。这种协调容易造成行动低效，甚至错过最佳处置时机，这与突发性和紧迫性要求是相违背的。所以，网络群体性事件的治理需要不同地域的政府之间的协调联动。

面对突发的网络群体性事件，属地为主的管理体制成为政府有效防范与治理网络群体性事件的瓶颈。因为网络群体性事件的信息传播大部分来源非事件发生地，往往来自事件属地之外的网络媒体，属地为主的管理体制没有管辖权。网络群体性事件管理按地域划分的现实，形成各扫门前雪的局面，极大地制约了各地应对网络群体性事件的效能。

① 习近平．关于《中共中央关于全面深化改革若干重大问题的决定》的说明［N］．人民日报，2013－11－16.

第八节 互联网正在成为国际意识形态斗争的一个主要战场

作为还在蓬勃发展的新媒体，互联网具有很强的互动性、无界性、便捷性等独特优势，正在全面超越传统媒体影响，成为社会舆论的主要集散地和意识形态领域斗争的主要战场。

一、美国对他国意识形态渗透的主攻方向已转移到互联网上

美国利用其互联网信息传播的优势，把对他国意识形态渗透的主攻方向转移到互联网上来。2010年，时任美国国务卿的希拉里屡次宣称，网络是美国海外宣传的最重要阵地。在突尼斯、埃及事件发生之后，美国政府再次宣布将加大互联网破网工具的研究。时任国务卿的希拉里发表关于互联网的专题长篇讲话，表示美国要推动互联网信息流动的"绝对自由"。据《华盛顿邮报》报道，"美国之音"大幅删掉预算。① 但分析人士指出，不能忽视的是"美国之音"仍保留了中文网站。美国《思想者》杂志认为，数字媒体是奥巴马将要转向的方向。② 专家分析指出，时代已经不同了，美国政府在资金有限的情况下，为了加强对华宣传，把精力投放到了网络上。对此我们必须高度警惕。

在伊朗大选骚乱期间，推特公司曾计划进行系统升级，但美国国务院工作人员进行了介入，使其推迟系统升级，继续在"决定伊朗命运

---

① 尹韵公．中国新媒体发展报告（2011）［M］．北京：社会科学文献出版社，2011：14－15．

② 深山枫叶．VOA中文时代终结？还是新的开始？［J］．卫星电视与宽带多媒体，2011（5）：39．

的时刻发挥作用"①。

推特等社交网站令阿拉伯世界的抗争越演越烈，"社交网站、手机摄影头、躁动不安的年轻人：对中东政局影响深远。用手机记录的，无论是平静抗议还是政府镇压的画面，都被上传到脸书、推特上，成为进一步示威的助燃器"②。

二、网络群体性事件巨大的破坏性动员作用受到境内外反华势力推崇

境内外反华势力也对互联网巨大的破坏性政治动员作用十分推崇，未来可能主要借助互联网对我国进行意识形态渗透，挑战我国社会安全、国家安全和党的执政安全。同时网上虚拟社会群体结社不像现实中人们结社那样受限制，这些都为破坏性政治动员创造了极其有利的条件，使得互联网成为敌对势力进行破坏性政治动员的主要手段甚至是首选手段。

如四川什邡事件中，"北风@ wenyunchao"发布推特，传授各种"技术"。"敬夏@ xieqingnanl"发布推特："重新整理发布埃及经验，请各位补充。装备，最好有连帽衫、口罩、护目镜、潜水镜是上上之选。一定防被拍到脸成为证据，二是防催泪弹。"③

在江苏启东事件中，"北风@ wenyunchao"发布推特："启东公民行动，只隔个崇明岛的上海人不能坐视啊，好歹也动一动，牵制一下维稳

① 社交网站冲上美外交火线希拉里欲用其搞"全球串联"［EB/OL］. 手机中国网，2011－02－25.

② 社交网站冲上美外交火线希拉里欲用其搞"全球串联"［EB/OL］. 手机中国网，2011－02－25.

③ 法制网舆情监测中心. 政法舆情危机应对实务手册［M］. 北京：经济管理出版社，2013：228－229.

力量。”①

从四川什邡事件到江苏启东事件，法制网舆情监测中心在进行舆情监控时总能发现有这样一批人，利用境外社交工具，不遗余力地在网上进行信息传递，煽动、挑唆和传授所谓的“技术性应对指导”。

正如曼纽尔·卡斯特指出，互联网“将会在社会运动和政治进程中应用，并且将日益得到应用。因特网正在成为行动、告知、招募、组织、占领与反占领的优势工具”②。

① 法制网舆情监测中心．政法舆情危机应对实务手册［M］．北京：经济管理出版社，2013：249；缪金祥．浅析群体性事件中的网络舆论引导——以公安机关为视角［J］．净月学刊，2012（6）：70．

② 曼纽尔·卡斯特．网络星河——对互联网、商业和社会的反思［M］．郑波，武炜，译．北京：社会科学文献出版社，2007：150．

第三章

网络群体性事件的形成机理

网络群体性事件作为随机的、偶然的事件，其演化的过程十分复杂，具有非线性动力系统的特征，是一种多层次、多因素的系统，是多重反馈回路、非线性的复杂大系统。①

互联网时代，网络群体性事件的信息传播已不再是线性模式，网络的开放性、交互性使一种自上而下的信息流通方式演变为多元化、去中心、离散型、重反馈的多向互动型循环传播，传统的群体性事件信息传播格局已经发生了新的变化。信息的传播与网民群体心理的反馈机制成为网络群体性事件演化的最重要的机制。在虚拟世界中，网民的心理与现实世界有较大的差异，如网络的匿名性使得网民往往比在现实社会言论更为大胆，更为感性和情绪性化；网络的互动性使得网民易相互感染形成一边倒的“极化心理”。应根据互联网信息传播的新特征和信息传播格局的新变化，分析网络群体性事件的形成机制。

具体来说，分析网络群体性事件演化的静态结构有助于认识演化系统的结构和各因素之间的关系，分析演化的动态过程有助于认识不同诱因导致的网络群体性事件在不同阶段表现出的不同特征与作用方式和作

---

① 罗成琳，李向阳. 突发性群体事件及其演化机理分析［J］. 中国软科学，2009（6）：169.

用机制。① 在网络群体性事件的不同阶段，信息流动与群体心理扩散呈现不同特点，每个发展阶段起主导作用的影响因素有所不同，各个阶段相互交织转换。

第一节　网络群体性事件议题的涌现

网络群体性事件发生在虚拟空间，是网民对现实社会问题或事件的态度及情绪等在网络上的折射，也是现实社会需求在网络上的利益诉求与话语表达。

一、网络群体性事件产生的社会土壤

（一）社会的结构性压力

随着改革开放的深化，社会既有的利益格局被打破，利益重新分化与组合，出现了较大的贫富分化，人们拥有的政治、经济等社会资源有了较大的差距。处在社会底层的困难群体产生了极大的失落感和相对被剥夺感，社会冲突频发，网络上仇官、仇富、仇腐等情绪不断滋生。这些不满经常诉诸网络，进而形成网络群体事件的社会结构性压力。有学者总结出现阶段我国民众中弥漫着“分配不公感、机会不公感、起点不公感、参与不公感和话语权不公感”②。

（二）斯梅尔塞的“加值理论”

斯梅尔塞提出的“加值理论”对网络群体性事件这种社会集群行

---

① 罗成琳，李向阳．突发性群体事件及其演化机理分析［J］．中国软科学，2009（6）：170.

② 郭奔胜．寻良策化解风险［J］．瞭望，2010（3）：17－18.

为具有较好的解释力。

加值理论认为，集体行为、社会运动和革命的产生，都是由以下六个因素共同决定的：由社会运动产生的结构性诱因（structural conductiveness），由社会结构衍生出来的怨恨、剥夺感或压迫感（structural strain），一般化信念的产生（generalized beliefs），触发社会运动的因素或事件（precipitation factors），有效的运动动员（mobilization for action），社会控制能力的下降（operation of social control）。斯梅尔塞认为，这六个因素都是集体行为（或社会运动和革命）发生的必要条件（而非充分条件），随着上述因素自上而下形成，发生集体行为的可能性也在增加。①

二、初始事件的发生与爆料

（一）所有人对所有人传播的实现

进入 Web2.0 时代，互联网为用户提供了一个自由的言论平台，使网民获得了更大的表达空间，人人面前都有麦克风使得所有人对所有人的传播成为现实。同时互联网把关机制弱化或缺失，使得传播内容具有不可预知性、信息的群发转发具有不可控制性。

网民纷纷上网发声，互联网有可能使个别媒体报道的地方性事件迅速演变成全国媒体甚至全球聚焦的对象，“局部事件”有可能变成“全国热点事件”，且事先难以发现征兆，事后找不到责任主体。

（二）Web1.0 时代初始事件信息发源于论坛与贴吧

互联网进入 Web1.0 时代，BBS 论坛和贴吧等为代表的网络媒体初步崛起。借助论坛和贴吧，网民获得了更多的话语表达权，开始展示网民的力量。

---

① 赵鼎新. 社会与政治运动讲义［M］. 北京：社会科学文献出版社，2012：21.

这一时期网络群体性事件初始信息的策源地主要来自三家综合性论坛。这些初始事件信息往往率先发布在论坛，有个网络社区堪称人肉搜索利器，最火的时候无论论坛上放上什么人的照片，都能被网民在最短的时间内搜索出照片中人物的姓名、电话、工作单位甚至是家庭住址，如著名的“铜须门事件”就是被网民通过人肉搜索扒出当事人所有信息的。另一个网络社区则以理性思考为特征，主要向社会话语场输送观点、引导舆论等。

2009 年之前，网络群体性事件初始事件信息的策源地主要发生在地方论坛或专业论坛。如著名的“周久耕局长天价烟事件”，最早是在焦点南京房地产网“恒大绿洲论坛”发出“八问江宁房产局周局长”的帖子，这类论坛很可能被网民搬移到综合论坛。

Web1.0 时代，网络群体性事件初始事件信息的策源地很可能在论坛、贴吧和博客，通过多点传播至受众，信息传播呈现出多元性、随机性和网状结构。

（三）微博成为自媒体时代网络群体性事件初始事件信息的主要发源地

微博是自媒体时代的社会化媒体，是信息传播与获取的新平台，用户可以 140 字左右的文字更新信息，实现即时分享，也可以跟从他人获取信息。国际上最早、影响力最大的微博是美国的 Twitter；国内微博市场份额最大的是新浪微博和腾讯微博。微博用户主要通过“加关注”的方式了解自己关注对象发布的信息，也可以发布信息引起“加关注”的网民转发，形成网民的圈子。

2009 年之后，微博参与网络群体性事件的作用有目共睹：“江西宜黄拆迁案”中，当事人钟如九通过微博一呼百应；“7·23 动车追尾事件”中，微博上质疑声如潮，在短短的一周时间内，新浪微博和腾讯微博对于此事的相关讨论各自达到了3亿多条，共计近7亿条信息，①对官方形成了巨大的舆论压力；“郭美美事件”后，红十字会声誉在微博上首先受到影响……有调查显示，七成以上的微博用户将微博作为获取新闻的重要平台，而且超过六成用户明确表示微博上的新闻真实可信。

（四）微信成为移动互联网时代网络群体性事件初始信息发布的新来源

2011年1月21日，随着微信的上线，社交网络作为一种新的产品进入网民的视野，并在短短的6年时间活跃用户数迅速超过4.62亿，②成为中国第一大App产品，微信同样在社会信息传播链条中开始发挥越来越重要的作用。

微信是腾讯公司推出的一个为智能手机提供即时通信服务的免费应用程序，用户可以通过智能手机、平板电脑、网页快速发送文字、图片、音频、视频等信息。微信亦提供公众平台、朋友圈、消息推送等功能，用户可以通过摇一摇、搜索号码、附近的人、扫二维码等方式添加好友和关注公众平台，用户可以将内容分享到微信朋友圈。③

微信是移动互联网代表性产品，能够实时传播文字、图片、音频、视频，使信息传播的形式与结构发生本质的变化。以增强人际关系为主要社交关系，集平台的开放性、使用的便捷性、传播的交互性、用户的隐匿性和信息的海量性于一身。作为一款基于手机端的通信软件，微信将人际传播、群体传播和大众传播融为一体，其信息的传播极有可能使

---

① 倪明胜．网络公共事件：研究维度、舆情生态与治理机制［J］．中共天津市委党校学报，2013，15（4）：32.

② 北京微梦创科网络技术有限公司．2018微博用户发展报告［R/OL］．微报告，2018-03-15.

③ 匡文波．微信：新媒体的新形态［J］．群言，2014（2）：14.

社交平台舆情持续升温。

三、网络群体性事件议题的出现

（一）网络群体性事件议题与社会的结构性压力耦合

网络群体性事件的发生具有极大的偶然性，但是偶然性因素背后又带有必然性。网络群体性事件有深层次的社会根源和价值逻辑，即事件的议题与社会结构变迁以及结构性怨恨、剥夺感或压迫感的形成具有耦合性。

根据中国人民大学喻国明教授总结，八类热点议题易引发网络群体性事件：政府官员的违法乱纪行为、涉及代表强制国家机器的司法系统和城管队伍的事件、涉及代表特权和垄断的政府部门和央企、衣食住行等全国性的民生问题、社会分配不合理贫富分化严重、涉及国家利益和民族自豪感、重要或敏感国家地区的突发性事件以及影响力较大的热点明星和公众人物的火爆事件。①

（二）网络群体性事件初始事件的议题内容

课题组对2003—2018年120个网络群体性事件初始事件的议题进行内容分析，发现主要集中在三大方面：

（1）公共权力方面。主要涉及公职人员与公共权力部门，包括滥用权力、违法乱纪行为等。这一类网络群体性事件议题比例最高，超过35%。官员、警察、城管、法官等经常成为带有负面色彩的事件主体。“逢官必炒”“逢腐必究”是近年来网络群体性事件的重要表现。

（2）公共利益方面。主要涉及衣、食、住、行等民生问题，涉及

① 喻国明．中国社会舆情年度报告（2010）［M］．北京：人民日报出版社，2010：251；林敏．网络舆情：影响因素及其作用机制研究［D］．杭州：浙江大学，2013：74.

公民的知情权、监督权、受教育权、表达权等基本权利方面。

（3）公共价值方面。主要涉及社会公平和正义、贫富差距、伦理道德、国家关系以及民族大义等方面的问题。具体如社会上的特权现象、行业垄断现象、“潜规则”现象以及弱者遇到不公正待遇现象，又如莎朗斯通“辱华”事件（2008）、钓鱼岛与反日游行（2012）等网络民族主义现象。

随着人们权利意识的觉醒，维权意识的增强，对公平与正义更为渴望，加之网络提供了自由交流的空间和表达的平台，网络群体性事件不断发生。

四、网络群体性事件议题的存活

网络群体性事件的议题存活的首要条件是社会公众所关注的话题或事件，即议题的性质。其次，议题的来源也是影响议题关注度的重要因素。

同时，网络群体性事件的议题存活与三个因素直接相关：一是网络媒体知名度越高，议题越能存活；二是网络媒体与传统媒体的结盟越紧，议题越容易存活；三是网络“把关人”的新闻敏感性强，议题越容易存活。首先，如果事件能被知名网络媒体置顶、加精，则意味着关注网民会几何级增长。其次，网络媒体与传统媒体结盟实行资源共享后能取得事件议题的最大化。最后，事件议题的存活与网络编辑捕捉和发掘热点事件的能力有关。

（一）网民的关注和议论

在议题出现期，议题的性质至关重要。另一个影响议题关注度的因素是议题的来源。综观近年来发生的一系列网络群体性事件，国内各大著名论坛的爆料是引起网民最初关注的主要渠道。在主流媒体的门户网站，几乎所有新闻后面都开设了跟帖功能，网民可以随时发表自己的观点。网民对事件的关注和议论表现为：网民在论坛中转载网络媒体的新闻报道；网民灌水加以评论；网民就事件发帖发表意见；网民作为当事人直接在论坛上发帖。这四种形式构成了网络群体性事件兴起的主要议题来源。正是在这些来源中，网友开始集中对涉及的事件公开发表自己的个人意见，网络成为人们获知信息的重要来源。①

（二）发帖的大量回复与置顶和转载

在这种情况下，网络群体性事件的议题要持续，取决于发帖的成活率，体现为三个方面：一是主动发帖是否能得到大量网民的浏览和回复，这是帖子能够存活的必要条件；二是帖子能否被置顶，推到网站或论坛的首页，成为精华帖，这直接决定了一个帖子能否在论坛中存在并持续出现；三是帖子能否进一步被其他论坛或网站转载甚至被传统媒体报道，这保证了帖子的持续生命力和广泛的传播效果。②

网络群体性事件正好体现了以上三个指标。“厦门 PX 项目事件”中，网友“连岳”的连续网络炮轰，使这一事件成为全国关注的热点，网民纷纷跟进，舆论的强烈反应与市民的散布甚至使厦门市政府决定暂时缓建 PX 项目。在“华南虎照事件”中，网络意见领袖最先在论坛中形成“挺虎派”和“打虎派”两大阵营，两派网友展开针锋相对的争论，但在追求事实和真相的进程中，两派最后达成共识，将矛头对准了陕西省地方政府部门，并最终迫使当地政府及权威专家承认并纠正了错误。

当然，网络群体性事件初始事件的议题内容虽然敏感，但如果发帖

① 匡文波．论新媒体舆论的生命周期理论模型［J］．杭州师范大学学报（社会科学版），2014，36（2）：115.

② 匡文波．论新媒体舆论的生命周期理论模型［J］．杭州师范大学学报（社会科学版），2014，36（2）：116；匡文波．新媒体舆论：模型、实证、热点及展望［M］．北京：中国人民大学出版社，2014：75.

不能得到网民的关注和议论，发帖得不到大量回复与置顶和转载的话，网络群体性事件仍然难以形成。比如同样是自焚死人，“江西宜黄拆迁”与“株洲拆迁事件”的走向便截然不同。

第二节　意见领袖、网络媒体、传统媒体的选择性关注与议程设置

一、网络群体性事件叙事框架的论争

（一）“框架分析”理论

美国社会学家欧文·戈夫曼的“框架分析”（Framing Analysis）被公认为框架理论的原典之一。戈夫曼所使用的“框架”与葛列格里·贝特森（Bateson）的框架概念相近，他将“框架”定义为个人对事件或信息的设定、感知、辨识和标示的认知基模，并认为人们的日常活动隐含或使用了特定的诠释框架并形成诠释的基模，使看似无穷的事物能被分辨、察觉、确认和命名。在戈夫曼看来，社会事件散布各处，彼此无所归属，需通过符号转换方能形成与个人有关联意义的主观认知，这种转换过程就是框架的基础。换言之，框架是个体处理（包括筛选与组织）观察素材的前提和规则，个体需依赖框架组织经验调整行动。①

戈夫曼“框架”概念提供了两条分析路径：一是人们怎样建构社会现实；二是认知过程中的认知呈现与信息处理如何互动。戈夫曼之后，框架研究分为两派：一派沿用贝特森的框架定义，从互动层面强调框架协助人们分类组织和解释外在信息的功能，建构其意义等；另一派

① 褚悦闻．共鸣与自振：媒介框架与网络舆论［D］．上海：复旦大学，2011：6．

则发展为认知心理学家们对认知过程的“知识基模”研究，视框架为记忆中的认知基模，具有协助人们分类、组织以及了解外界信息的功能。①

“框架”理论为我们探究网民的认知模式与心理提供了一个新的路径。网民的言论表达是否受到预设的“舆论框架”的限定，分析历年网络群体性事件中表现出的网民舆论，发现“舆论框架”明显存在，其“框架”与加姆逊提出的集体行动框架不谋而合。他认为，集体行动框架由不义（injustice）、代理（agency）和认同（identity）三个部分组成。在中国语境下，这三种框架分别对应的是“锄强”“济弱”与“公平正义”。②

（二）网络群体性事件框架的建构

在形塑网络群体性事件的框架时，不同的话语框架之间存在激烈的竞争，因为事件相关各方都会建构有利于自身的话语框架。在网络群体性事件的话语互动过程中，网民在互联网赋权下，以微博和博客作为工具，及时、选择性地将事件发展动态及某些属性公布在网上，以确立了事件的话语框架，力图赢得主动。

按照斯诺和本福特的定义，框架是“一个通过选择性地突出人们过去和现在所处环境中的某些客体、情境、事件、体验和一系列的行动并对其加以编码，从而对人们面前的那个世界进行简化和压缩的解释图式”③。

框架的建构实质上是各方对网络群体性事件定义权、命名权、信息

① 褚悦闻. 共鸣与自振：媒介框架与网络舆论［D］. 上海：复旦大学，2011：7.

② 刘朝霞. 转型期网络舆论生态：动因、机制与模型［M］. 北京：中国社会科学出版社，2016：139－140.

③ 艾尔东·莫里斯，卡洛尔·缪勒. 社会运动的前沿领域［M］. 刘能，译. 北京：北京大学出版社，2002：156.

发布权的争夺。框架的建构有两个主要功能：一是对事件进行定义，经常使用贴标签的手法，突出事件的不公正性和严重性。二是归因功能，即寻找造成现状的原因，界定问题并提出解决问题的思路和办法。

总之，框架的建构过程是抗争者确立一整套话语体系，对事件的性质、原因、现状、解决办法进行塑造和界定，使事件的性质和走向有利于自己的过程。①

二、网络群体性事件议程设置的博弈

（一）议程设置的互动

在网络群体性事件发生后，网民可以自我设置议题。网民对某些重要问题关注、讨论、传播，形成热点后，促使传统媒体、权力部门来关注事件，将网民的关注设置为公共议程、政策议程，引导网络群体性事件的解决。

网络群体性事件发生后，议程设置主体不断更迭，网络媒体和传统媒体相互推进。议程设置的主体不断交替后，议程主题传播的范围更广、影响更大。传统媒体的议程设置沿着议程设置者→媒体→受众单线程流动，网络媒体的议程设置则是网民⟷网络媒体⟷媒体议程设置者⟷传统媒体的环形立体流动。②

（二）网络意见领袖的议程设置

议程设置过程是议题倡议者之间为获取媒体、公众以及政策精英的关注而不断展开的竞争过程。议题往往是一个具有冲突性并被媒体报道的社会问题。议程设置可能是个零和博弈，因为议程为稀有资源，一个

① 王亮. 网络事件中的公众修辞行为研究［M］. 北京：人民日报出版社，2014：174.

② 焦德武. 网络议程设置与网民自我赋权［J］. 淮南师范学院学报，2009，11（6）：61.

新议程须排挤另一个议程才能受到关注。我们将议程设置视为一个政治过程，在这个过程中，大众传媒在使许多社会问题成为公认的公共问题上发挥了关键作用。①

网络意见领袖是指以互联网为平台经常进行信息传播，为网民提供信息、观点或建议，并对网民施加个人影响而创造或改变舆论的人。网络意见领袖可以决定传播的时间、内容和形式，但少了信息的把关和过滤。网络意见领袖介入议程设置后很容易形成新的议题或扭转整个议题的传播方向。“既能影响人们思考些什么问题，也能影响人们怎样思考。”②

Web2.0 时代，话语权就是一切。如果你的粉丝超过 100，你就是一本内刊；粉丝超 1000，你就是一个布告栏；粉丝超 1 万，就是一份杂志；粉丝超 10 万，就是一份都市报；粉丝超 100 万，你就是一份全国性大报；粉丝超 1000 万，你就是湖南卫视；粉丝超 1 亿，你就是 CCTV……③这是微博上曾流行的一段话。

网络意见领袖的议程设置带来了网络群体性事件的聚焦效应。

第三节　网络媒体、传统媒体和网络民意的协同与互动形成巨涨落

网络群体性事件是一种非线性现象，在其演进的不同阶段，某个要

① Dearing J W, Rogers E M. 传播概念 · Agenda - Setting [M]. 倪建平，译. 上海：复旦大学出版社，2009：30.

② 沃纳 · 赛佛林. 传播理论：起源、方法与应用 [M]. 郭镇之，译. 北京：中国传媒大学出版社，2006：265.

③ 名人微博：在舆论喧嚣里拷问公共责任 [N]. 中国青年报，2011 - 7 - 21 (11)；孟波. 认识微博　超越微博 [J]. 新闻战线，2011 (9)：7.

素的微小变化会对其他要素乃至整个事件产生不成比例的甚至颠覆性的影响，造成网络群体性事件效果的几何级放大。可以说，网络群体性事件的发生概率与信息本身的敏感程度并没有必然联系。一些重要而敏感的事件不一定进入网络群体性事件的发生轨道，因为传统媒体已经注入了足够的注意力。同样重要的事件，发布平台和解读机制不同，也会出现截然不同的效果。因此，网络群体性事件研究遇到的一个重要问题是：同等重要和敏感的事件，哪些因素促成了网络群体性事件的倍增效应？一个简单公式可以回应，即：网络群体性事件＝网络参与度×传统媒体参与度/相关方正反馈度。

一、网络媒体与传统媒体的协同反应

（一）网络媒体的推波助澜

互联网作为信息的集散地和社会舆论的放大器，为网络群体性事件的产生提供了丰富的“议题”。同时网络又是自由交流的空间，传播主体多元化，各种意见能在短时间内传播，网民一旦关注有关帖子或言论，就会反复传播，快速扩散，迅速形成舆论风暴。

由于“把关”难度增大，“把关”机制缺失，网络群体性事件传播后可以在几天甚至几小时内就炒作出一个“××事件”“××现象”，而且往往事先难以发现征兆，事后找不到责任主体，造成较大负面影响。①

网络群体性事件既可能涨落迅速，也可能长期持续。网络群体性事件中的网络舆论分为两类：一类是信息类舆论，另一类是观点类舆论。每当遇到重大突发事件时，网络媒体很可能第一时间予以报道，迅速吸

---

① 匡文波. 新媒体舆论：模型、实证、热点及展望［M］. 北京：中国人民大学出版社，2014：16.

引网民眼球，引爆信息交流，激起共鸣，迅速形成网上舆论，这是典型的信息类舆论。而观点类舆论，如社会不公、腐败等议题会长期停留，即使网上删除了这类信息和言论，但相关话题难以消除，会在网上反复出现。

（二）网络群体性事件的扩散路径

1. 网络群体性事件的扩散过程

网络群体性事件虽主题多元，内容十分丰富，但只有能够吸引网民眼球的事件才有可能引发网络群体性事件。社会敏感问题经常成为网络舆论焦点。网络舆论焦点产生的平台主要有三个：一是集中于那些网民普遍关注的 BBS 论坛、博客、微博、微信，二是网民非常关注的事件、话题，三是浏览数和跟帖数较多的帖子。很多重大的网络群体性事件都是首先在互联网中引发了网民激烈的讨论，继而成为传统媒体的报道议题，并最终成为全社会关注的焦点。

传统媒体中，议程设置由议程设置者向媒体和受众单向流动，网络媒体则是网民⟷网络媒体⟷媒体议程设置者⟷传统媒体的环形立体流动,[①] 显现出不一样的扩散情形。

2. 网络群体性事件的扩散模式

总结网络群体性事件的扩散过程我们发现，其互动模式主要表现为两种情况。

一是 Web1.0 时代。传统媒体首先就某一事件进行报道，经过门户网站转载后，形成第一波网络舆论；尔后 BBS 和网络社区出现一些讨论帖，部分网络意见领袖通过博客发表评论，形成第二波网络舆论。[②]

---

① 焦德武. 网络议程设置与网民自我赋权 [J]. 淮南师范学院学报，2009，11（6）：61.

② 黄淑敏. 网络社区公共危机事件信息传播模式实证分析 [J]. 北京邮电大学学报（社会科学版），2011，13（4）：44.

第二种情况近年来更为普遍，Web2.0 时代。事件在网络媒体上爆料后，经过加精、置顶，引发网友大范围关注，形成第一波舆论；随后传统媒体跟进报道并核实消息，形成事件信息的完整报道，这些信息被互联网再度转载，引发网络媒体的大量评论，形成第二波舆论。①

近年发生的网络群体性事件中，大多都遵循第二种媒体互动的规律。网络意见领袖成为大众话语权的推手。网络意见领袖不再局限于传统意义上的社会精英阶层，不仅有专家学者，还包括网络草根，他们处于社会底层，其特点是“有主张，少论据”，易于情绪化。但在网民中却具备一定的影响力，草根网民的意见有一定的牵引作用。

爆料信息在网络（论坛）首发后，版主加精推荐置顶，引发网民关注，随后传统媒体记者介入，互联网再度转发，这往往是网络群体性事件发生的一般路径。在网络群体性事件发生过程中，不仅包括原创微内容，也包括纸媒内容，二者交替出现，呈现乘数效应。从数量上看，原创微内容具有小体积、大容量的特点，在短期内集中出现，并且在信息和观点交换的过程中碰撞出新的观点，发现信息的新线索，增长速度惊人。纸媒内容则与前者有交叉现象，其出现速率与前者成正比。从质量上看，原创微内容由于缺乏传统“把关人”对信息的过滤筛选机制，质量上良莠不齐。而纸媒内容虽然在出现时间点上稍有时滞，但由于较为严谨的工作流程及现实社会的诸多约束，对观点的平衡和客观性也要求更高。二者皆具有井喷和发酵特点。②

（三）人际传播与大众传播的联动

网络传播融合人际传播与大众传播的特性，实现了单向、双向、多

---

① 黄淑敏．网络社区公共危机事件信息传播模式实证分析［J］．北京邮电大学学报（社会科学版），2011，13（4）：44.

② 匡文波．新媒体舆论：模型、实证、热点及展望［M］．北京：中国人民大学出版社，2014：52.

向的信息传播，实现了以往传媒无法实现的互动。

“一旦进入网络空间，个人和组织便能够凭借电脑化的大规模信息交流系统建立多向的相互联系；这时候，同一个人或组织既可以是新闻和信息的接收者，也可以成为新闻和信息的传送者。在这张分散型的传播网络里，任何一个网结都能够产生和发布信息，所在网站发布的信息都能够以非线性方式流入网络的经纬中。”① 正是网络传媒和传统传媒的互动与配合，在短期内大比重地追踪一次又一次公共事件，造成一次又一次浩大声势，使网络民意急剧有效放大，网络舆论的影响力和冲击力被极大强化，并引发社会各界的强烈共鸣。

二、网络民意的放大与提升

分析网络群体性事件，多数议题发源于网络，网民在事件初始阶段往往自主进行了议程设置。

多数网民往往具有强烈的相对剥夺感，其情绪极易由小事引发，产生情感共振，形成网络群体性事件。同时，网上热点与现实热点汇聚，线上和线下联动，进而产生放大效应。

网络群体性事件中信息的传播者，包括网民在内，都具有自我议程设置功能，对于某些热点事件，受众会把知识和认知范围内的情绪和倾向作为增效剂，利用普通网页、新闻，形成新的信息，形成新的舆论。同时自身身份出现转变，从单纯的信息接收者变为同时扮演信息发现者、传送者角色，在反馈的同时向网络中不同方向、不同群体进行信息反馈，诱发大范围、多层次受众的思想和行为“共振”，借助网络独特

① 马克·利维，木雨. 新闻与传播：走向网络空间的时代［J］. 新闻与传播研究，1997（1）：12－13.

的双向互动、多向互动作用，“共振”循环往复，产生叠加效应。① 具体来说，网络民意的放大与提升有以下形式。

（一）网络围观

围观，意指很多人围着观看。后来在互联网上得到人们的广泛使用，特指一种自发的网络群聚行为。从本质上看，网络围观就是大量网民的关注。对一件事围观的人越多，就代表关注此事的网民越多，同时也就意味着有可能加入意见群体中的网民越多，因此，围观人群就是潜在的意见群体。② 近年来，“上访不如上网”的观点越来越得到网民的认可，网络成为民众求助的主要渠道之一。“山西黑砖窑事件”“张海开胸验肺”“罗彩霞被冒名顶替上大学”“王帅遭跨省追捕事件”等，都是当事人通过网络发帖求助，得到大批网友响应围观得到解决。

与现场围观不同，网络围观是借助网络的不在场网民的围观。网民轻点鼠标或轻触 3G、4G 手机便能浏览信息，加入意见群体，顶帖、转发、发微博、微信、发表评论、补充发布新信息等；或者更进一步，采取现实的社会行为参与到围观事件当中，就完成围观。网络围观具有成本低、便捷和持续性的特点，发生率较高，围观人群的规模大，动辄就是几万、几十万甚至几百万网民，具有主动性和自发性。围观网民不仅会积极地关注事件的进展，分享意见和看法，甚至会采取某些社会行动。③

“关注就有力量，围观改变中国。”著名评论员笑蜀指出，“关注就是力量，围观就是压力……亿万人的围观，亿万人的目光聚焦，就能聚

① 任贤良. 舆论引导艺术：领导干部如何面对媒体［M］. 北京：新华出版社，2010；籍元. 新媒体舆论的问题与引导策略研究［D］. 锦州：渤海大学，2016：19.

② 张荣. 从虚拟到现实：网络意见群体的舆论影响［J］. 人文杂志，2013（5）：126.

③ 刘少杰. 中国网络社会研究报告 2011—2012［M］. 北京：中国人民大学出版社，2013：108.

成世界上最大规模的探照灯，就能一点点穿透特殊利益的高墙，一点点照亮我们的现实，一点点照出我们的未来”①。

“围观改变中国”展现为五种形式：一是解决问题，改变了不合理的某些具体制度，如暂住证问题；二是解决了具体问题，形成一种示范正能量；三是没有解决问题，但引发了公众思辨，提升了国民素养，多次类似事件使得情绪和思路积淀；四是没有解决问题，且形成了恶性负面效应；五是未解决问题，恶性负面示范且当事人受到严重打击。

（二）人肉搜索

维基百科对人肉搜索的解释是：在网上，部分基于人工方式对搜索引擎所提供信息逐个辨别真伪，部分又基于匿名知情人公开数据的方式搜集信息，以查找人物或事件真相的群众运动。②“人肉搜索”是通过发动网民的力量去搜索信息的方式，既可利用互联网的机器搜索引擎，也可利用网民在日常生活中所能掌握的信息来进行信息收集。③“人肉搜索”的发动多缘于事件本身刺激了网民普遍“正义的神经”。事件发生后，相关人为追求真相，往往在网络论坛上发表帖子，列出已掌握的人物资料，号召网民帮助查出该人的身份和详细的个人资料。而响应者通过互联网、人际关系等手段，寻找到更多的资料，并以总结形式再次发布网上。④

2008 年年底，南京市江宁区房产局局长周久耕因为声称“低于成本价卖房将被查”，即遭人肉搜索，先是搜索出天价烟和名表，随后名车和住宅，接着是社会网络的披露，后很快被查办。

---

① 邓飞，笑蜀. 关注就是力量 围观改变中国［J］. 当代社科视野，2010（2）：48.

② 邹军. 作为网络舆论的“人肉搜索”及其规制［J］. 中国地质大学学报（社会科学版），2009，9（5）：100；马千里，田炳炜. 人肉搜索侵犯隐私权初探［J］. 经营管理者，2011（4）：265.

③ 优友. 人肉搜索［J］. 老同志之友，2009（10）：53.

④ 吴竞骅. 隐私权保护：任重而道远［J］. 新闻窗，2011（12）：28.

网民进行“人肉搜索”的过程中常常伴随着“网络暴力”，不仅表现为线上的语言暴力、不堪入耳的辱骂，而且可能对事件当事人造成现实中的实际伤害。

（三）网络恶搞

恶搞在英语中称 Spoof，意为哄骗、戏弄、开玩笑。在网上，恶搞又称“库索”（KUSO），原本是日本式自造英语，意为不够善良的玩笑，最初源于电子游戏界，指对那些设计得不好和毫无可玩性的游戏只能抱着无所不可笑的态度。后来恶搞通常是指用滑稽、搞笑的方式对某些事物表达看法。“网络恶搞”作为一种网络大众消费文化现象，具有娱乐精神，颠覆传统，试图用一种讽刺、幽默、游戏的视角来解构传统和经典，其主要动因是草根话语表达心理、情感发泄心理、引起关注和自我实现心理。

（四）网络流行语

网络流行语就是在网上约定俗成并且在一定时间内广泛流行的语言。它可以是完全新造的词语，例如网络交际流行语；也可以是句子或某种固定的表达模式。比如“张殊凡事件”中一句“很黄很暴力”，形成了“很××很××”的流行表达句式，有人将这种固定表达视为网络流行文体现象。网络流行语和网络造词、造句是草根表达情绪的主要方式。这些方式在戏谑之中暗含对权力的监督和对自己权利的捍卫。“俯卧撑”“躲猫猫”“欺实马”，显示民众在公共事件中对某些地方政府不作为的无奈甚至不信任。“拼爹”一词的流行，则反映出草根对社会流动停滞、底层缺乏向上流动的通道、社会缺失公正的无奈与抗争。①

① 祝华新，单学刚，胡江春. 2011 年中国互联网舆情分析报告［R/OL］. 人民网舆情频道，2011－12－23.

网络流行语又称网络热词，除了具有易记易读，幽默有创意，紧随社会热点事件，传播频率高、范围广、扩散快等特点外，还有变异复杂、难以理解、使用难度加大、标签化等特点，反映了当前社会转型期网民个性化、矛盾化、情绪化、自娱性的心态。① 网络流行语娱乐化与“审丑”现象并行，如网上流行的蜗居族、蚁族、悲催族、月光族、啃老族、拼爹族、恐归族、北漂族、房奴、车奴、孩奴、二奶族等“新少数民族”；微博引发的全民造句热潮，如凡客体、中箭体、甄嬛体、hold 住体、梨花体、扫墓体、高晓松体、轻度体、方阵体、丹丹体、咆哮体、淘宝体、宝黛体、TVB 体、撑腰体、小明体、校内体、蓝精灵体、唤醒体、下班回家体、见与不见体、羊羔体、子弹体、琼瑶体、高铁体、私奔体等网络文体。网络群体性事件的产生和扩散，很大程度依赖的是能够激发网民情感的形式和内容，产生情感动员。网民通过在网络上造句、创作、恶搞、娱乐、曝光，将好玩、戏谑、法不责众、助人为乐乃至起哄、墙倒众人推的情绪不断放大，以一种娱乐调侃的方式来要求真相、宣泄不满。

第四节　网络群体性事件演化博弈的分形与消解

网络群体性事件的分形与消解是多种因素起作用的结果，有可能出现三种情形：一是网民就某一网络群体性事件涉及的相关事件进行互动、交流，相互间观点趋同，同时，政府部门跟进事态进展，当事件发展与网民心理预期趋同或使网民情绪得到纾缓，网络舆情逐渐衰退、消失；二是事件有了新的网络热点，网络上新议题的不断出现聚焦了网民

---

① 黄楚新，梁跃民．微传播中的新闻景观［J］．新闻与写作，2016（6）：6.

的注意力，使网民关注度高涨并推动网络群体性事件的高涨；三是网络中话题分散、论坛中沉帖机制等网络技术缺陷引发的网络交流双方就某一话题的交流受到干扰，话题、议题变化，导致网络群体性事件热度下降、衰落。

具体来说，网络群体性事件的演化博弈会展现出不同的走向。

一、网络群体性事件的突变——临武瓜农死亡事件

（一）微博爆料瓜农死亡

2013 年 7 月 17 日，网民“@临武何建勋”发微博称，湖南郴州市临武县莲塘村瓜农邓正加和老婆，上午在县城文昌路卖西瓜，遭遇城管执法，发生肢体冲突，最后邓正加死在了卖瓜的摊位上。微博中“瓜农倒地身亡，嘴角流着鲜血，亲属跪地痛哭”的描述，附有现场城管遗留的工作证和死者家属向临武县城管讨说法的照片，几个小时后迅速引爆舆论，立即引来公众强烈谴责，引起包括《人民日报》、央视新闻在内的多家媒体微博的转发和关注，在短时间内成为网络热点话题，随后附有微博内容和图片的文章登上各大门户网站。据人民网舆情监测室统计，“湖南临武城管涉打死商贩”当日成为舆情热度上升最快的新闻，超过 180 万的网络参与度再一次刷新了互联网舆论参与新纪录。①

（二）临武官方通报情况

7 月 17 日下午，临武县政府发布通报，称该县城管局工作人员在执法过程中，与南强镇莲塘村民邓正加发生争执，争执过程中邓突然倒地死亡，当地政府正在调查和处理此事。事情并没有因为临武县政府的介入而向好的方向发展，反而因为官方“突然倒地死亡”的说法引发网民“围观”。

① 湖南临武被免职城管官员系法院副院长［EB/OL］. 新浪新闻网，2013 - 07 - 27.

（三）临武警方发动“抢尸”行动迅速升温为网络舆情热点

7 月 17 日深夜 23 时，由于不满县政府“突然死亡”的公告，隐瞒城管打人的细节，死者家属拒绝让政府拖走尸体，大批群众围观不肯散去，对家属形成严密保护，与警察、武警形成对峙。①

7 月 18 日 5 时，记者曹晓波发布微博称：凌晨 4 时接到求助电话，“警察抢尸、群众受伤、记者被打”，这一火爆的消息迅速引爆了网络舆论。“临武瓜农死亡事件”迅速升温为网络群体性事件。截至 7 月 24 日 22 时，曹晓波的这则微博被转发评论达 33 万次。尤其是其中警方的两句冷血威胁：面对围观群众说“不让路的就死”，面对记者说“再拍就打死”，经微博平台传播后，致舆情走势陡然上升，当天相关文章数逾 51 万。7 月 24 日，网络意见领袖李承鹏发表了长微博“瓜农的中国梦”，其反讽的手法使得微博平台舆情汹涌。《新京报》则在晚安帖中推荐了网络上以前发布过的一首打油诗《祖国啊！我只是摆了个小摊》，其自嘲的方式充满了悲情。《人民日报》则发表微评指出：“城管形象屡屡崩塌，背后是公众对公权力越界逾矩的气愤。如果权威信息一再迟误，对立情绪又怎能不加剧?”还有网民在微博上晒出该县县长贺遵庆百度百科上的简历，简历显示其曾获得维稳硕士学位，遭到网民调侃。

瓜农死亡本是一起个体事件，但城管执法时说“要打就打死”；警察对看守尸体的群众说“不让路就死”；对前来采访的记者说“再拍就打死”。当地公权力以血淋淋的言语刺激，人为扩大了舆情的对立面，使普通百姓与执法者之间本已存在的心理鸿沟，上升到肉体致死的生命层级。网络舆情传播中，官方强势的、暴戾的、雷人的言语恐吓，向来具有极大的发酵效应，这种无形声誉损害对临武官方来说，是不能承受

① 连鹏. 城管究竟怎么啦［J］. 记者观察，2013（8）：22.

之重。将警察推至冲突第一线的舆情应对思路，被实践证明只能加剧矛盾，极易使局部质疑演变为对整个当地执法机器的整体质疑，暴力维稳则极易催生次生灾害。①

（四）临武官方举行新闻发布会

7 月 18 日下午 4 时 15 分，临武县委县政府举行新闻发布会，公安机关称已经控制了涉事的城管队员；贺遵庆县长称，关于邓正加的死因尚无证据证明是被秤砣砸死，还在进一步调查。警方协助家属将死者遗体运回村庄，而非所谓“抢尸”。新闻发布会上，临武县官方虽然道歉但称瓜农是在争执中“突然倒地死亡”的，目前正在对死者进行尸检，待尸检报告出来后会进行责任划分，严格依法依规处理。但舆论质疑早已铺天盖地，迟来的道歉与尸检，被淹没在质疑浪潮中，舆情热度仍在攀升。

处理涉及生命的舆情热点事件，官方的人性和诚意至关重要。但此事中，临武官方的处理显得既不人性化也无诚意。一边宣布深入调查，一边又出动力量“抢尸”；一边殴打围观群众，一边要求家属“顾全大局”。此类举动极易予人“用恶行去掩盖真相”之感，甚至构成对舆论的某种挑衅，使该事件沦为官民对立情绪的一个发泄口。

以往舆情应对讲求“黄金 24 小时”，即 24 小时内官方应成立调查组介入，同时回应舆论关切与媒体、网民的关注点。但进入网络时代后，舆情热点发酵迅猛，官方应尽量做到“黄金 1 小时”。然而临武瓜农事件处置中，官方回应和调查的姿态来得太迟，“瓜农被城管用秤砣打死”的说法已占据网络舆论中心，要破除此先入为主观点，中立、准确、翔实的证据应是关键。可惜的是，临武县官方的一系列前期举

① 郑琳. 首席舆情官［M］. 北京：电子工业出版社，2015：64.

动，已使证据的可信度几乎丧失殆尽。①

（五）邓正加家属微博内容的反转

7 月 19 日，临武县政府有关部门代表与邓家人谈判。上午时亲属尚情绪激动，对邓正加的死表示难以接受，但随后便传出下午安葬的消息。邓正加安葬前，其小女儿邓艳玲在注册的新浪微博“瓜农邓正加女儿”上表达了对当地政府的不满。该微博迅速引发关注，转发量超过 10 万条，网民纷纷对其表示同情并谴责临武官方做法。不过，微博很快被邓艳玲删除。两个多小时后，邓艳玲再次发表微博，却是对当地政府的妥善安置表示感谢，并表示其父已经下葬，入土为安，此事引发网友热议，网民猜测邓艳玲态度的变化是否与赔偿问题有关联。而另外那条“感谢”微博已经被转发了 31 万次。

这一天，临武县政府官网被黑，网民期待当地政府早日公布真相，郴州市派工作组进驻临武县。针对事发现场监控被删、城管收取 100 元费用等说法，当地官方予以否认，但承认“暂扣了 4 个西瓜”。媒体报道临武官网被黑，分析城管打人事件为何引发舆论热议并进行讨伐，为瓜农之死讨要说法。

（六）事件责任人受处罚与网络群体性事件平息

7 月 20 日下午，临武县委召开常委会决定免去临武县政府党组成员、县城市管理行政执法局党组书记、局长职务；同时免去分管执法三大队的局党组副书记邹红卫党组副书记职务，并继续接受调查。临武县宣布，涉案的 6 名城管队员被警方刑事拘留。② 临武县政府依据相关法律法规，给予邓正加家属死亡赔偿金、丧葬费、精神抚慰金等共计 89.7 万元。网民质疑为何大额赔偿金两天内就支付给死者家属，是否

① 郑琳. 首席舆情官［M］. 北京：电子工业出版社，2015：64.

② 周清树. 临武：被免城管官员系法院副院长［N］. 新京报，2013－7－27.

有息事宁人之嫌。同时，“延迟一天下葬少给10万”“威胁开除公务员亲戚”的说法也在坊间流传。网民质疑巨额封口费的合法性，探讨邓正加家属沉默的原因。

7月21日，网曝临武县县长贺遵庆儿子在海外的照片引热议。网民希望公开涉事城管信息，建议县长、县委书记引咎辞职；媒体则报道当地村民收到指令，不准谈论此事，村民避谈“抢尸”，改口称协助运尸；当地政府讨论从根本上解决城管问题，依法处理此事，追究涉事人员的法律责任。

7月22日，网民热炒小贩被城管打死，赔偿89万元可以了事，按照该逻辑，全国网友捐款89万元，夏俊峰是否就可以出狱。追问事件的真相如邓正加的尸检结果一样，尚未水落石出。继网曝临武县委书记范儒平徇私提拔23岁儿子成为团委书记后，再有其子在国外开豪车、旅居海外的消息。媒体则报道有目击者称城管用秤砣伤人，追问瓜农之死事件的真相，希望此次事件能给城管暴力执法画上句号，瓜农之死应催生治本之策。

7月23日，邓正加的女儿邓艳玲及其哥哥声称他们被人利用了，“感谢政府”的微博并非家属所发。邓艳玲的话让网民倍生疑惑，其态度与之前接受媒体采访时截然相反，网民猜测因为89万元赔偿款未到位，邓艳玲才如此说。网民质疑邓艳玲所说的真实性，越发觉得事件真相扑朔迷离，开始谴责相关部门的无耻行为。

7月31日晚，郴州市公安局通报称，邓正加系外力作用诱发脑部畸形血管破裂出血死亡。但邓正加亲属称，全家都不接受尸检结论。

12月27日，湖南永兴县法院经过审理，以故意伤害罪宣布判处涉案城管廖卫昌等4人有期徒刑4～11年不等。4人表示，服从判决不上诉，事件最终告一段落。

据中国传媒大学网络舆情研究所、艾利艾咨询（IRI）监测数据显示，自2013年7月17日至25日，临武瓜农死亡案共引发相关新闻报道6754篇，网民跟帖评论1308万条，涉及网站475家。除了新闻报道外，该事件还涉及新浪微博主帖信息136823条，论坛主帖2677个，博文1460篇。① 反观湖南当地新闻媒体，拥有主场信息优势却对事件的报道相对较少，当地官方未能充分借助当地媒体进行官方态度的传递，从而失去了对舆论进行有效引导的可能。

二、网络群体性事件的化解——唐慧上访劳教决定撤销

（一）微博曝光唐慧被劳教

2012年8月2日，永州市劳动教养管理委员会因唐慧扰乱社会秩序决定对其进行劳动教养1年6个月。② 第二天，唐慧代理律师甘元春微博爆料此事，同时披露看守所民警为案件嫌疑人秦某、汪某伪造立功情节，逃避死刑，引发网友关注，由此一起尘封6年的“永州幼女被逼卖淫案”也再次进入舆论视野。其中，“永州警方曾为被判死刑的犯罪嫌疑人秦星提出‘立功认定’申请，企图为其达到逃避死刑的惩罚”消息犹如重磅炸弹，迅速激起舆论关注和质疑，媒体回顾永州11岁幼女被逼卖淫案案情及案件审判细节，跟进报道唐慧被劳教案。律师甘元春在微博发起“解救唐慧”行动，引起诸多媒体、网民和意见领袖的支持，同时也引发湖南省及永州市各方面的重视。

（二）永州市公安局官方微博回应

8月4日上午11时，永州市公安局通过其新浪官方微博发布了一

① 中国传媒大学网络舆情研究所，艾利艾咨询. 网络舆情及突发公共事件危机管理典型案例（最新版）[M]. 北京：中共中央党校出版社，2014：49.

② 还原唐慧案：“劳教妈妈”的胜诉之路 [EB/OL]. 传送门，2013-07-25.

条内容只有“幼女”两字的微博,[1] 一小时内被转发4000余次。当天下午，永州市公安局官方微博连发12条长微博回应网民，称唐慧闹访、缠访、散发传单，严重扰乱了单位和社会秩序，永州市劳动教养管理委员会决定对其进行劳动教养1年6个月。随后这些信息均被删除。[2] 网民呼吁“释放唐慧”，要求了解6年前案件的详情。

8月5日，永州市公安局官方微博发布《关于唐慧被执行劳动教养相关情况的说明》《关于对“永州公安帮被告人做假立功”情况的说明》,[3] 除了回应唐慧被劳教原因外，还澄清没有发现公安民警帮被告人做假立功的情况。尽管永州警方多次回应舆论质疑批评，但是舆情警报并未就此解除。网民继续呼吁“释放唐慧”，废除劳教决定；质疑永州市公安局存在“裙带关系”，案件审理存在司法不公现象。媒体呼吁有关部门一定要严查此事，揪出永州警方中的“异蛇”，还法律尊严，还社会正义，还人民公道。

（三）湖南省政法委介入

伴随微博的热炒，事件舆情迅速发酵，“@人民日报”“@人民网”等权威媒体官方微博也纷纷参与其中，质疑劳教决定，并带动大量转发。迫于舆论压力，8月6日，湖南省政法委回应称对有关情况高度重视，已成立调查组赴永州调查此案办理情况。调查组分成5个小组，对强奸、劳教、“假立功”、秦星与警界人士之间的关系5个方面分别进行调查,[4] 一旦发现有错，将坚决依法纠正。省级政法机关介入调查令

---

① 胡江春. 只有法治，才能“根治”湖南永州唐慧事件舆情分析［J］. 新湘评论，2012（20）：8.

② 还原唐慧案：“劳教妈妈”的胜诉之路［EB/OL］. 传送门，2013－07－25.

③ 胡江春. 只有法治，才能“根治”湖南永州唐慧事件舆情分析［J］. 新湘评论，2012（20）：8.

④ 胡江春. 只有法治，才能“根治”湖南永州唐慧事件舆情分析［J］. 新湘评论，2012（20）：8.

不少网民感到欣慰，看到希望。

8 月 7 日，唐慧提出劳教行政复议，《人民日报》官方微博关注公平正义受到网民热捧。媒体期待法律给唐慧一个说法，质疑“欺负完女儿欺负母亲，怎能这样对待人民”，提出舆论的力量不断强大，各地官员需与互联网带来的执政新环境赛跑。据 IRI 监测数据显示，截至 2013 年 8 月 7 日，永州唐慧案共计获得相关新闻报道 6742 篇，网民跟帖评论 211.8 万条，涉及网站 576 家。除新闻报道外，该事件还涉及新浪微博主帖信息 3916379 条，论坛主帖 1494 个，博文 238 条。

8 月 8 日，有关职能部门将唐慧要求“判处 7 名被告人死刑”的书面诉求在网上曝光，由此改变了舆论一边倒地支持同情唐慧的态势，实现了信息发布由被动应付到爆料止沸的转变。学者吴法天及部分网民普遍认为唐慧遭遇虽值得同情，但是其个人意愿更多是道德审判、情绪审判角度，缺乏法律意识；有部分网民担忧网络舆情容易僭越法律，形成舆论审判；还有不少网民认为，请求无罪，但判决靠法律。当天，湖南省劳教委受理唐慧对劳动教养案的复议，且表示将依法进行审查并作出复议决定。

（四）唐慧劳教决定的撤销

8 月 10 日，湖南省劳教委经复议决定撤销永州市劳教委对唐慧的劳教决定。撤销决定一出，即刻占据了各大网站首页和微博热点排行榜，许多网民为之欢呼，认为湖南官方积极、及时应对舆情，尊重民意，实现了良好的官民互动，彰显了法治的“正能量”。湖南积极争取一大批网上意见领袖为其发声，有效影响和压缩了负面信息传播空间。8 月 10 日、11 日，湖南巧借新华网网络舆情监测分析中心推出两篇重头文章，彻底扭转了这一网络群体性事件的局面。当然，也有舆论认为，事件不应止于放人；还有媒体提出，唐慧案仅靠媒体不能“根治”，应将矛头指向司法不公正现象。此外，也有舆论继续向劳教制度发难，认为其有违宪法，应立即取缔，避免更多的“唐慧现象”出现。

8 月 11 日唐慧踏上回家之路，重新开始生活。

8 月 14 日，唐慧不服撤销劳教理由。同日，来自北京、湖南等 10 个省市的 10 名律师联名致信司法部和公安部，建议对劳教制度进行调整。有媒体总结：“劳教制度违宪、违法是社会共识，改革已到临界点，或改或废，均可讨论，但不能接受的是，维持原状，原地踏步。”①

2013 年 1 月 7 日，中央政法委书记孟建柱在全国政法工作会议上宣布，中央已研究于 2013 年停止使用劳教制度。

唐慧案舆情汹涌而来，发出劳教决议的永州市公安局成为舆论矛头。在案件始末，官方的表现基本上符合民意预设。8 月 9 日晚，就在受理复议申请后的第三天，湖南省劳教委员会即作出行政复议决定——撤销该省永州市劳教委对“上访妈妈”唐慧的劳教决定。该决定一出，即刻占据了各大网站首页和微博热点排行榜，人们纷纷对湖南方面的明智之举给予了肯定，并盛赞其为“法治思维”的理性抉择，对后期民众的认可、舆情的平息起到了非常关键的作用。

三、网络群体性事件的衰减与移转——史上最年轻市长周森锋事件

（一）最年轻的市长的消息引爆网络

2009 年 6 月 21 日下午，湖北宜城市四届人大四次会议选举市长，唯一的候选人 29 岁的周森锋获得全票，当选宜城市市长。当天晚上，《楚天都市报》网络版一则“周森锋可能是目前全国最年轻的县市长”的消息迅速引爆网络，随后被多个门户网站转载时将“可能”两字从标题中去掉。当“最年轻”遭遇“市长”，立刻引起了网民的极大

---

① 还原唐慧案：“劳教妈妈”的胜诉之路［EB/OL］. 传送门，2013－07－25.

关注。①

（二）网民人肉搜索周森锋

“史上最年轻市长”周森锋一夜之间天下皆知。很多网民的第一反应就是怀疑他一定有背景。网上人肉搜索的第一波就是针对他个人的家庭背景，但由于信息太少，人肉搜索没有进展。搜索引擎已经有了“周森锋父母”“周森锋背景”“周森锋后台”等一系列关键词。面对全国媒体的质疑，“沉默”成了周森锋的第一选择，他决定不接受任何媒体采访。国内多家媒体聚集襄樊市采访，但无一例外都被周森锋婉拒。其解释是“我必须专注我的本职工作”“谢谢关注”“我已经说了我的选择（不接受采访）”。但这并没有令网民停止猜测。②

互联网上开始发起针对周森锋的“人肉搜索”，网络传播中信息之广、之细、之密集可谓“空前”，与周森锋相关各方信息几乎囊括殆尽，涉及父母、妻子、学校生活以及日常行政细节等。第二波人肉搜索针对他妻子的家庭背景，很快查明其妻子也没有背景。紧接着第三波人肉搜索开始了，这次针对周森锋的任职历程，当地回应“特别优秀的年轻干部或者工作特殊需要的，可以破格提拔”。周森锋是2004年襄樊市推行以引进高端人才为宗旨的“一号工程”第一批来自清华大学的挂职研究生中的一员，在襄樊担任专业对口的市建设委员会副主任，级别是副处级。网民又对周森锋的妻子霍焰可能在“襄樊市人大常委会担任副主任”，展开第四波人肉搜索。

“中国目前最年轻的市长”由此引发了部分网友的负面猜想。而赶往襄樊、宜城追踪周森锋的媒体悉数碰壁，周森锋曾工作的几家政府部门也选择了沉默。

---

① 最年轻市长周森锋十日记：80后市长的背景门［EB/OL］. 凤凰网，2009-07-02.
② 最年轻市长周森锋十日记：80后市长的背景门［EB/OL］. 凤凰网，2009-07-02.

（三）周森锋事件的沉默应对继续助推舆情的波澜

但周森锋事件的沉默应对远不是结束。如何直面舆论的审视，给公众和网民一个信服的解答，成为周森锋事件的一个难题。面对网上的诸多质疑和媒体的轮番轰炸，周森锋表现得十分稳重，不急躁、不解释、不回应。

很快，网络又挖出了周森锋下乡视察时身旁随员撑伞的一张工作照，打伞门为恶意炒作提供了新闻点。

几天后，更为致命的“论文抄袭”事件让质疑越加汹涌。

网民人肉搜索到湖北畜牧局网站的一则消息，指称29岁市长抽天价烟，在流传的帖子中，有的称该“黄鹤楼”香烟600元/条，有的称120元/盒。许多论坛很快出现“网民再爆周森锋市长‘香烟门’！”的帖子，再次被网民们“顶”得老高。可很快有多位网友指出，那个烟其实不到30元一盒。

有关周森锋的打伞门、论文门、香烟门等，形成了极高的舆论氛围，其恶意炒作助推了网络舆情的波澜。但周森锋再次选择了沉默，并彻底从公众视线中消失。①

（四）周森锋事件的舆情衰减与移转

2009年6月24日，周森锋母校清华大学曾经表示要彻查，此后不了了之。网民对周森锋拥有深厚背景的揣测并没有消失。

随着新的网络舆情热点出现，未有新的线索挖出，网民不再关注周森锋，史上最年轻市长周森锋事件的舆情衰减，新的热点彻底转移了网民和媒体的注意力。

到了2011年4月初，湖北省委即将提拔周森锋的消息又重新激活了舆论的记忆，最年轻的市长周森锋事件继续保留在网民的记忆之中，互联网影响的长尾效应不容忽视。

① 周森锋事件根据《南方都市报》深度报道及网络论坛、博客内容整理。

第四章

网络群体性事件呈现的规律

规律是事物之间的内在的必然联系，是指事物本身固有的、深藏于现象背后并决定或支配现象的方面。规律是反复起作用的，只要具备必要的条件，合乎规律的现象就必然重复出现。① 网络群体性事件呈现的规律是指在互联网环境下，一些因素和一些结果而构成的一种反复出现的因果现象。当然，由于互联网发展一直处于变动之中，我们对网络群体性事件呈现的规律的研究还未形成严格的科学定理，定律中的因果关系只能对网络群体性事件反复出现的一些因果现象进行具体的描述。

第一节　网络群体性事件的眼球效应

一、网络群体性事件话题具有敏感性和刺激性

网络群体性事件的产生与事件话题的敏感性和刺激性密切相关。网络群体性事件是现实社会矛盾在互联网空间的折射，与网民的利益息息

① 李绍华．经济发展方式转变：尊重规律是基础［J］．中共四川省委省级机关党校学报，2010（4）：8.

相关，对网民的情感和心理形成刺激，经过个体、群体、组织、大众传媒等方式扩散，网络群体性事件的刺激强度和范围就提升到最大。① 可以说，网络群体性事件的议题的敏感性成为吸引网民眼球和注意力、可能引发网络群体性事件的首要因素。表 4 - 1 对 2003—2018 年部分网络群体性事件敏感因素进行了总结。

表 4 - 1　2003—2018 年部分网络群体性事件敏感因素一览表

序号	网络群体性事件名称	敏感因素
1	孙志刚收容致死事件	公民人身安全、公民基本权利、警察滥用权力
2	苏秀文宝马车撞人案	“官二代”仗势欺人、贫富矛盾、司法不公
3	山西黑砖窑事件	困难群体的权利保护、地方政府的不作为
4	重庆最牛钉子户	拆迁补偿问题、物权法问题
5	南京彭宇案	社会伦理道德问题
6	国家药监局局长郑筱萸案	官员滥用权力、贪污腐败问题
7	“范跑跑”事件	师德问题
8	汶川地震中校舍倒塌	公民人身安全问题、学生利益受侵害问题、腐败
9	北京 PM2.5 事件	公民切身利益受侵害
10	山西两县交警乱罚款	警察滥用权力、执法不当
11	喝开水死亡事件	警察仗势欺民行为、困难群体权利保障
12	湖北巴东县邓玉娇案	官民矛盾、司法不公问题、女性权利问题
13	哈尔滨六警察打死林松岭案	警民矛盾、虚构的“官二代”“富二代”问题
14	云南晋宁“躲猫猫”事件	警察滥用权力、困难群体权利问题
15	上海交通管理部门“钓鱼执法”	行政执法不当、公共部门与官员职业道德问题

① 齐佳音，等．突发性公共危机事件与网络舆情作用机制研究［M］．北京：科学出版社，2013：42.

续表

序号	网络群体性事件名称	敏感因素
16	强制安装“绿坝”软件起争议	行政行为不当、侵害公民权利问题
17	四川会理领导“悬浮照”事件	假新闻照片
18	江苏官员微博开房门	官员生活作风问题
19	郑州市副局长“替谁说话”	官员负面言论问题
20	河南灵宝市跨省抓捕王帅案	公民表达权受侵害、执法不当问题
21	瓮安事件	警察仗势欺民行为、公民利益受侵害、政府公信力问题
22	杨佳袭警	社会伦理道德问题、司法判决问题、警察仗势欺民行为
23	杭州飙车案	执法不当、“富二代”问题、司法判决不公问题
24	99%访民“精神病”说	负面言论
25	“我爸是李刚”事件	“官二代”仗势欺人问题
26	三鹿奶粉事件	食品安全问题、公民人身安全问题、公民利益受侵害问题、企业社会责任问题
27	王石捐款言论风波	名人负面言行、社会价值观取向问题
28	罗彩霞被冒名顶替上大学	困难群体教育权问题、政府官员滥用权力
29	郭美美事件	社会伦理道德问题、红十字会公信力问题
30	“7·23”甬温线特大铁路交通事故	公民人身安全问题、高铁技术安全问题、铁道部管理问题、新闻发言人言论不当
31	湖北石首事件	社会安全问题、谣言折射的官民矛盾
32	贵州习水县嫖宿幼女案	社会伦理道德问题、官员恶劣言行
33	昆明“小学生卖淫”案	警察执法不当、社会伦理道德问题

续表

序号	网络群体性事件名称	敏感因素
34	河南农民工张海“开胸验肺”	困难群体人权问题、行政部门不作为
35	成都“6·5”公交车燃烧事件	社会安全问题
36	陕西神木县“房姐”	腐败问题、一人有多个身份证、户口问题
37	南方周末风波事件	言论表达问题
38	雷政富艳照事件	官员负面言行、社会伦理道德问题
39	李天一涉嫌轮奸案	“官二代”仗势欺人问题、社会公平、社会伦理道德问题
40	湘潭85后副县长	干部提拔不当、“官二代”
41	万宁校长带女生开房	干部负面言行、社会伦理道德问题
42	刘铁男违纪被查官方曾回应称造谣	官员负面言行、社会伦理道德问题
43	厦门BRT公交纵火案	社会安全问题、困难群体人权问题
44	延安临时工城管“跳踩商户”	相关部门行政执法行为不当、公民利益受侵害问题
45	湖南临武城管打死瓜农案	城管执法行为不当、公民利益受侵害问题
46	曾成杰秘密执行死刑	相关部门行政执法行为不当
47	上海法官集体嫖娼事件	司法判决不公问题、法官公信力
48	网络大V薛蛮子被抓引争议	相关部门行政执法行为不当、公民利益受侵害问题
49	“两高”针对网络谣言量刑的司法解释出台	网上言论自由和网络舆论监督
50	张家川初中生发帖造谣被刑拘	相关部门行政执法行为不当、地方政府公信力

续表

序号	网络群体性事件名称	敏感因素
51	茂名 PX 项目争议引发群众聚集事件	公民利益受侵害
52	小官巨贪马超群家中搜出1.2亿	官员腐败
53	上海外滩跨年踩踏事件	相关部门行政行为不当、公共安全问题
54	魏则西事件	公民利益受侵害问题、社会伦理道德问题
55	雷洋案引关注	相关部门执法行为不当、公民利益受侵害问题
56	抵制韩国乐天	中国国家安全受到损害问题

资料来源：根据历年网络群体性事件整理。

二、网民聚焦网络群体性事件的敏感议题

互联网海量信息中的绝大多数信息网民根本看不到或者不会看，除非是自己特别关注和感兴趣的内容。一旦互联网空间出现网民特别关注和感兴趣的议题，他们的关注点将迅速指向同一事件，关注度聚焦于同一议题中的特定因素，信息量猛增，网络舆情骤然发酵升温。由于微博的特性，使用微博的网民只跟从和接收自己关注对象发布的信息，对于绝大多数微博发布的信息往往视而不见或根本不看。

（一）利益的相关性

一般而言，网络群体性事件发生后，网民往往考虑事件与自己是否直接相关，如果发生在自己身边，这些直接利益相关者对事件影响或潜在影响的关注度就会越高，网络群体性事件给他们所带来的影响越大。另外，事件的公共性越大，波及的网民就会越多，社会系统和公共价值面对的威胁将越大，跨地域范围与事件相关联的民众越多。因为事件的公共性带来的情绪、情感、价值的冲突越强，网民越感同身受，很难将自己置身事外。因而在网络意见领袖的动员下，有越来越多的非直接利

益相关的网民关注和参与到事件的进程中去，导致网络群体性事件呈现高涨态势。

（二）网民的选择性注意

面对网络传播的海量信息，网民只能进行选择性注意，即网民在接收信息时只是对特定信息的指向和集中。指向性是指网民在每一瞬间的活动总是有选择地朝向一定信息而离开其余信息；集中性是指信息接收活动离开一切无关因素而深入指向其所选择的信息内部。指向性和集中性相互联系，密不可分，在二者的共同作用下，网民才能在感觉、知觉、记忆、思维以及情感、意志等活动中，有效地选择少数信息，对其作出深刻、清晰、完整的反应。网民选择性地注意互联网中的刺激，或是因为其目标指向选择，或者是信息某些方面的刺激驱动。注意具有过滤器功能，非注意信息很少能进入意识知觉。①

所谓注意力，就是指人们关注某一主题、某一事件、某种行为和多种信息的持久程度。② 诺贝尔经济学奖获得者赫伯特·西蒙在对当今经济发展趋势进行预测时也指出："随着信息的发布，有价值的不再是信息，而是注意力。"③ 从注意力的内涵来分析，注意力表现为注意的集中性、稳定性、范围、转移、分配五个方面。网络传播中的注意力集中代表着信息的"热度"，注意的集中性和稳定性是注意力最重要的品质。④ 门户网站新闻中的最多评论与浏览、知名论坛或某个版块十大热帖、百度上升最快的关键词排行榜这三个地方可能是近期网民选择性注

① 理查德·格里格，菲利普·津巴多. 心理学与生活（第16版）[M]. 王垒，王甦，等，译. 北京：人民邮电出版社，2003：114.

② 李新，苏畅. "微信热"背后高校思想政治教育的冷思考 [J]. 北京邮电大学学报（社会科学版），2016，18（3）：108.

③ 李光斗. 广告需要"被注意"[J]. 现代商业银行，2018（4）：28.

④ 朱海松. 网络的破碎化传播：传播的不确定性与复杂适应性 [M]. 北京：中国市场出版社，2010：71.

意的热点。

第二节　网络群体性事件的羊群效应

一、羊群效应与从众现象

"羊群效应"又称"从众（conformity）效应"，是指根据他人而做出的行为或信念的改变。[①] 从众是由于群体压力而引起的个体行为或信念的改变，顺从是表面上与群体相一致而内心并不赞同。接纳是不仅在行动上而且也在信念上与社会压力保持一致。[②] 法国著名社会心理学家古斯塔夫·勒庞指出，"个体一旦进入群体之中，其个性便被湮没了，变得情绪化并且失去自己的判断，群体的思想占据了主导地位，个体追随群体的行为表现。在活动中，从众效应更为突出"[③]。

从众现象随处可见，像入境随俗、随行就市、赶时髦、随大流等都是。[④] 引起从众效应的原因是多方面的，既有情境方面的因素，又有人格方面包括人际关系、社会态度和价值观等原因。

靠外在力量（奖励或避免惩罚）而表现出的从众行为叫做顺从（compliance），由明确的命令所引起的顺从行为称为服从（obedience），

---

① 迈尔斯. 社会心理学：第 8 版［M］. 侯玉波，乐国安，张智勇，等，译. 北京：人民邮电出版社，2006：153.

② 迈尔斯. 社会心理学：第 8 版［M］. 侯玉波，乐国安，张智勇，等，译. 北京：人民邮电出版社，2006：167.

③ 古斯塔夫·勒庞. 乌合之众［M］. 冯克利，译. 北京：中央编译出版社，2010：12.

④ 陈会昌. 中国学前教育百科全书·心理发展卷［M］. 沈阳：沈阳出版社，1995：253.

有时这种真诚的、内在的从众行为叫作接纳（acceptance）。互联网虚拟世界中，暗示、社会传染效应、群体压力、群体影响的示范效应等都有可能引发网民的从众效应。①

二、网络群体性事件中的盲目跟风现象

网民普遍存在从众心理，体现为网民的盲目跟风的特点。不管网上的话题是否与自己有关、是否感兴趣，喜欢凑热闹发帖，一些言论大有语不惊人死不休的气势。勒庞在其代表作《乌合之众》中指出："在某些特定条件下，一群人会表现出一些新的特点，它非常不同于组成这一群体的个人所具有的特点。个人的感情和思想全都转到同一个方向，形成了一种集体心理。"② "从众"通俗而言就是随大流，日常集体生活中，人们为了避免被孤立，常常选择放弃自我主张，迎合跟随大多数人的观点。放在网络群体事件中，就是个体网民顺应与随从某些在网络群体中生成并占主导地位的"优势舆论"。

羊群效应带来的消极影响非常明显。2008 年 10 月 11 日发生的哈尔滨林松岭案就是很好的例子，当晚该市铁路公安局文化宫附近的糖果酒吧门前发生一起恶性斗殴案件，斗殴过程中林松岭当场死亡，涉事一方为警察。哈尔滨警察打死人案本来是一起普通的刑事案件，但因涉案人员的特殊身份使之受到了广大网民的高度关注。事件一曝光，网络舆论一边倒地谴责警察。最早出现在网易论坛的帖子"哈尔滨六名铁路警察打死大学生"被迅速转载至天涯、猫扑等各大论坛，多数公众对整个事件的最初认知都来源于这个帖子。描述中，帖子多次使用了明显的

---

① 迈尔斯. 社会心理学：第 8 版［M］. 侯玉波，乐国安，张智勇，等，译. 北京：人民邮电出版社，2006：153－162.

② 古斯塔夫·勒庞. 乌合之众［M］. 冯克利，译. 北京：中央编译出版社，2010：147.

字眼，突出“警察打死大学生”这件事，直接导致了网民对涉案民警沸沸扬扬的讨伐。事件的事发地点为娱乐场所，肇事者是警察，受害人是刚走出校门的大学生等这些因素，很容易让人作出直接的判断。多数网民的第一反应为警察滥用公权，对大学生施暴，一时间网民们群情激昂，纷纷谴责警察的暴力行为。不久网络上传言死者林松岭家庭背景雄厚后，警察赢得网民支持，网络舆论彻底倒向警察这一方，多数网民认为死者是“衙内”。此时，网民将事件解读为六名普通警察与一群“衙内”起冲突，年轻“衙内”仗势欺人，草根警察面对他们的嚣张实在忍无可忍，奋起反抗，最终导致其中一名“衙内”被打，惨死街头。从网民态度的多次反转看，许多网民在根本不了解事件真相的情况下，不假思索地盲从跟风，没有自己的判断，造成网络舆论一波三折。

第三节　网络群体性事件的首因效应

一、首因效应形成先入为主现象

1957 年，社会心理学家洛钦斯做的实验证明了首因效应的存在。首因效应是指信息传播中人们倾向于记住并信任前面的信息，习惯于用前面的信息说明和解释后面的信息。首因效应是第一印象所引起的一种心理倾向，也可以称作第一印象作用或者先入为主效应，它是优先效应的一种表现。①

传播学理论认为，面临多种冲突的信息时，公众往往易接受先入为

① 魏猛．首因效应视角下的网络谣言控制［J］．江苏警官学院学报，2012，27（1）：122.

主的信息，产生先入为主的效果。因此，网络群体性事件应对中，要高度重视信息初次披露的速度，因为这在新闻报道的实效性上也体现了首因效应的传播效果。① 首因效应在网络群体性事件的形成初期有着重要的影响。

2010年10月16日21时40分许，酒后开车的李启铭在河北大学工商学院学生生活区超速驾驶，撞倒两名女大学生，致两女生一死一伤。肇事者李启铭被拦截后说的“我爸是李刚”这句话立刻被目击者发布到网上。10月17日晚19点，网名叫“河大义工”的网友把事件的经过和肇事司机李启铭和他口中的爸爸“李刚”的资料公布在天涯上，引起网友广泛关注，谴责“官二代”的声音不绝于耳。一起醉酒驾车引发的车祸被网民认定为“官二代”校园“飙车”，特别是李启铭说的“我爸是李刚”遭到网友的嘲讽和恶搞。在媒体从业人员开始对事件进行调查的同时，网民从猫扑论坛开始，发起了“我爸是李刚”的造句大赛。“床前明月光，我爸是李刚”等造句版本走红网络，还相继出现了唐诗版、宋词版、儿歌版、广告版。10月21日，网友“声琴相拥”把改编自“我叫小沈阳”的视频“我爸是李刚”传到视频网站土豆网，视频点击量立即过万，在网络上引起巨大反响。当日，李刚父子在中央电视台《法治在线》栏目中“现身道歉”，痛哭流涕，非但没有赢得网民的认可，反而继续演变为对“李刚是影帝”的恶搞。伴随着网民对飙车案的调查质疑，“我爸是李刚”成为年度网络流行词被疯狂传播，河北大学飙车案成了2010年有较大影响力的网络群体性事件。

二、首因效应具有贴标签功能

首因效应最易产生标签效应（label effect）。标签效应是指在信息发

---

① 刘京林，等. 传播中的心理效应解析［M］. 北京：中国传媒大学出版社，2009：3.

布中对事件或当事人贴上标签，造成不良后果和影响。贴标签具有定性功能，常常含有偏见的成分，很可能歪曲真实情况，甚至会引起连锁反应。

网络群体性事件中，网民与网络意见领袖经常通过贴标签的方式进行事件定性，他们对强势一方冠以“官二代”“富二代”“军二代”“史上最牛”等标签，强化网民的刻板印象，引发不满的情绪和舆论风暴。

网络群体性事件常常被“舆论标签”所影响，事件一旦被网民或者媒体贴上标签后，即产生了定性作用，影响其后续发展及其偏向力，造成了网络群体性事件应对的难度和复杂性。

第四节 网络群体性事件的蝴蝶效应

一、蝴蝶效应与网络群体性事件形成的非线性动力学

1963年，美国气象学家洛伦兹提出了蝴蝶效应，根据他所提出的理论，南美热带雨林中的一只蝴蝶扇动翅膀，可能会引起美国得克萨斯州的一场龙卷风暴，其意为初始条件的微小变化，可以引发系统中长期的巨大连锁反应，并由此衍生出混沌理论。①

蝴蝶效应指在一组庞大的、可互为牵制的、较为混沌的动力系统当中，一旦某一细微条件发生细微变化，可能导致整个巨大动力系统的彻底改变，并将造成一些不可预测的情形发生。这一理论适用于网络群体性事件。网络群体性事件的形成与流动趋势完全不同于传统媒体层层把

① “蝴蝶效应”与混沌理论之父因癌症去世［EB/OL］. 搜狐网，2008－04－18.

关与控制下的舆论形成机制。网络群体性事件发生的源头多样，有的时候是普通网民的微博、发帖爆料，有的时候是非主流媒体一条看似微不足道的消息，有的时候是官员的不当言论，有的时候是普通网民的随手拍、随手发，有的时候是主流媒体的发声，有的时候是网络意见领袖的转发。这些微内容的发表，起先并不一定有强大的企图，但信息一旦进入网络系统中，其流动性与作用就不可预测与控制，一旦机缘巧合，便可能形成巨大的舆论影响力。综言之，网络群体性事件中的“蝴蝶效应”指初始信息的微弱改变，在一连串的偶然因素之下，使网络舆论形成巨大的突变和不可控制性。

二、网络群体性事件形成的巨涨落现象

蝴蝶效应经常被用来说明某一微小事件有可能酿成巨大的社会影响。例如，2008 年 3 月，三鹿奶粉从被消费者投诉，到 8 月 1 日得出调查结论，到 9 月中旬各大媒体关于问题奶粉的报道大面积出现，三鹿事件的性质发生了质变，从一个个案上升到一种现象。短短几天时间，三鹿诱发的蝴蝶效应产生了一场舆论风暴：婴儿奶粉出现“行业危机”，国际上引发了“Madc in China（中国制造）”的危机，在一定程度上引发了对中国政府的信任危机。①

近年来，互联网的细微波动，有时是一则信息，有时是一张帖子，有时是一幅图片，都有可能引爆网络舆论，引起连锁反应，且在传播中不断被反馈强化，引发整个网络群体性事件的巨涨落与分形，甚至有可能将当事人与当事机构带入危机的边缘。

随着互联网技术的迅猛发展，网络的通畅性、系统性、随机性与非线性，进一步放大了蝴蝶效应机制的发挥。互联网连接终端的多元化特

① 龚莉萍. 三鹿事件：拷问危机公关职业底线［J］. 国际新闻界，2008（10）：28.

点决定了整个传播系统的不稳定特质，任何一个变量单位极其微弱的变化，在这个庞大的不稳定模糊系统当中，都有可能成为网络蝴蝶效应中一对蝴蝶扇动的翅膀，在一系列的链接和正反馈后，导致网络舆论的暴风骤雨。这一对些微颤动的小小蝴蝶翅膀，可以是一张图片，一幅漫画，甚至一条不到 140 字的微博或一小段视频。

网络传播既可能是“一对一的传播”，也可以演化成“所有人对所有人的传播”。1974 年，格兰诺维特在一篇文章中强调：事实上，在社会网络中，弱连接（Weak Ties）比强连接（Strong Ties）更为重要。网络中圈子内的关系是强关系，而圈子与圈子之间的联系是弱的，但不是断的，只要是有联系的，就保证了传播路径的存在。网络传播中的弱连接中包含着大量的不确定性，同时也隐藏着大量的通向确定性强连接的路径，弱连接中存在结构随机性和无意性使所有传播的细节都有可能成为强连接的传播线索。网络传播中的大量个案，许多都是通过陌生关系的传播产生的，发一个帖子，很可能就会被一个“陌生的”“无关紧要的”“不认识的”人转帖，传播开来，形成传播规模，产生出人意料的传播效果。① 广大的网民既是受众，也是媒体，既分享内容也生产内容。网民既是自媒体，也是自组织。②

根据所引发结果的不同，网络传播过程中的蝴蝶效应可以分为良性与恶性两种。一些不负责任的或虚假的网络言论，也将基于各种巧合，披着看似真实与真诚的外衣，在网络中疯狂流传开来，引起部分网民的非理性共鸣，再通过网络又以几何裂变方式加速度传播，在传播与转载过程中又不断被添料加工，进入加工→扩散→再加工→再扩散的恶性传

① 朱海松. 网络的破碎化传播：传播的不确定性与复杂适应性［M］. 北京：中国市场出版社，2010：37－38.

② 朱海松. 网络的破碎化传播：传播的不确定性与复杂适应性［M］. 北京：中国市场出版社，2010：76.

播路途，继而对社会舆论造成极大破坏，这种恶性蝴蝶效应在互联网传播中常有发生。

因此，对于新闻传播者而言，应该恪守真实、客观、公正的新闻报道原则，正确地引导和调节受众心理，规避“蝴蝶效应”的不利影响，发挥其积极效应。

三、巨涨落中网络群体性事件的分形

分形是网络群体性事件演进过程中常见的现象。一个网络群体性事件演进的方向不是预先设定的，而是随着各种因素的作用有多种可能的选择：既有可能平息，也有可能放大为巨涨落，亦有可能衰减或移转。

在互联网自组织系统发展的关键点附近，不同的涨落会导致不同的演化方向，微小的变动很有可能改变整个宏观系统，从而产生蝴蝶效应。分形使系统演化的方向可以有多种选择，出现的分叉越多，逐级分叉的速度越快，系统宏观演化的可能性选择就越多，系统演化的方向就越复杂。涨落对系统演变所起的是一种触发作用。传统的系统理论认为，正反馈可以看作是自我复制、自我放大的机制，是“有序”产生的重要因素。有序的耗散结构是靠巨涨落实现对称破缺选择而确立的，耗散结构是稳定下来的巨涨落，是涌现出来的宏观整体有序结构。①

---

① 高惠珠，王岩．发展风险成因研究——历史唯物主义的分析［J］．江苏行政学院学报，2009（3）：77.

第五节　网络群体性事件的操控效应

一、聚焦与控制传播议题

“在因特网和社会共同的演化过程中，我们生活中的政治范围已经被大大地改变了。权力基本上是围绕着文化代码和信息内容的生产和传播进行的。”① 这是曼纽尔·卡斯特（ManuelCastells）在20世纪末的论述。在网络群体性事件的博弈演化过程中，议程设置是制造共识、塑造观念、争夺人心的最重要的要素，是网络群体性事件博弈各方的必争之地。

根据议程设置理论，受众对当前问题重要性的判断与媒体的报道频率和强调程度之间存在着对应关系。“在特定的一系列问题或论题中，那些得到媒介更多注意的问题或论题，在一段时间内将日益为人们所熟悉，它们的重要性也将日益为人们所感知，而那些得到较少注意的问题或论题在这两方面则相应地下降。”而且，“受到某种议程影响的受众成员会按照该媒介对这些问题的重视程度调整自己对问题重要性的看法”。媒体具有话语霸权，它“既能影响人们思考些什么问题，也能影响人们怎样思考”②。而网络传播过程中，网民和意见领袖介入后容易形成新的议题或扭转整个议题的传播方向。

① 曼纽尔·卡斯特. 网络星河：对互联网、商业和社会的反思［M］. 郑波，武炜，译. 北京：社会科学文献出版社，2007：177.

② 沃纳·赛佛林，等. 传播理论：起源、方法与应用［M］. 郭镇之，译. 北京：中国传媒大学出版社，2006：265.

二、议程设置与话语权争夺激烈

（一）议程设置权的争夺

议程设置功能在网络群体性事件中同样存在。随着 Web2.0 时代的到来，网络的开放性、共享性、互动性给信息传播模式带来了前所未有的变化，任何人都有可能成为信息的生产者、传播者和接受者。“网络提供了一个世界性的平台，使任何个人都有可能成为出版发行者，这对于网络而言，是一次革命性的进步。”① 自媒体时代，传播权的分散意味着议题设置权的分散，互联网各方对议程设置权的争夺已成为新的社会现实。如“厦门 PX 事件”“周老虎事件”“绿坝事件”“东莞扫黄事件”等都折射出网民对议题设置的博弈和话语权的争夺，这种话语权的巨大改变，现已发展到任何机构和人员都无法忽视的程度。网络在极大程度地调动了人们对网络群体性事件议题的关注与参与度的同时，由于网络主体的多元和情绪化成分的嵌入，使得网络媒体的议题设置在影响人们怎样思考方面还存在一定的欠缺。媒介、政府、网民、商业资本、意见领袖等以各自的资源优势共同成为网络群体性事件议题设置的博弈主体。2006 年，美国网络专家嘉卡伯·尼尔森（JakobNielsen）曾提出一条法则，即：“90% 的用户仅仅访问网站但从不贡献内容，9% 的人偶尔会参与，只有 1% 的人才生产绝大部分内容。”② 少数“意见领袖”拥有了强大的话语权，很多时候在议程设置方面的作用不亚于传统媒体。

过去，议题基本上由大众媒介的把关人筛选、判断之后“呈现”，互联网时代很多议题则在普通网民“围观”“闹大”之后“涌现”。议

① 沃纳·赛佛林，等. 传播理论：起源、方法与应用［M］. 郭镇之，译. 北京：中国传媒大学出版社，2006：259.

② 匡文波. Web 2.0 下网络舆论引导的挑战与对策［J］. 中国记者，2008（12）：54.

题的产生机制发生了变化，传统媒体主导议题，受众被动接受的局面被打破，议程设置的主体多元化，① 微博等社会化媒体经常成为舆情热点的首发地和策源地。

网络上的“网络推手”和“意见领袖”，往往选择契合网民心理的热点事件，精心加工，制作出一篇篇吸人眼球的、激发网民感情和讨论的帖子。这些帖子受到网民关注，在论坛中引发热烈讨论，随着点击率、回帖率的上升，被网络编辑“加精”“置顶”，成为热帖，甚至成为在整个互联网上全面讨论的一个网络议题。

（二）商业媒体的议程介入

值得注意的是百度“竞价排名”业务。当搜索引擎成为网民最重要的信息过滤机制，当百度成为超过七成中国网民搜索的首选，它已经成为公众所依赖的重要媒体。然而，“网民对搜索引擎的依赖很强，这正是搜索引擎价值的体现。但如果搜索巨头过于强大，它也是企业，也是以获取利润为第一目标，这将会导致一种趋势——如果你没向搜索巨头投放广告，或动用其他关系，你可能就无法获得有利的搜索排名”②。通常认为，在一个关键词的搜索引擎查询结果中，排名前十名的链接将占有该关键词查询访问量的60% ~65%；位于第11 ~20 名的页面将夺得20% ~25%的访问量；而排名在21 名后的所有页面检索只能分享剩余的10%的访问量。③ 对搜索结果的排序，如果可以用金钱来购买，而且又缺乏任何监督机制来限制究竟什么关键词是不可出售的，那么将导向一个金钱决定民众知情权的社会，出价高者获得关注，出价低的变成

---

① 胡润斌. 议程设置“大变局”——传统媒体与新媒体“双议程设置”博弈及其应对［J］. 青年记者，2012（21）：29.

② 赵亚辉. 竞价排名风波不断谁来捍卫搜索公正［N］. 人民日报，2010 - 12 - 17（13）.

③ 隋飞. 大学生网络创业模式探析［J］. 河南教育（中旬），2012（6）：78.

“不重要的”，这就是一种典型的信息操纵。① 2016 年魏则西事件便充分暴露了莆田系医院、百度公司等商业资本介入搜索引擎排名后引发的严重社会后果。由于“网络水军”的存在，网络议程呈现出容易被商业资本操纵的特点。“网络水军”则有专职和兼职之分，受雇发帖、回帖、造势。

（三）全球议程设置权的争夺

由于网络传播的全球性和无界性，网络议程设置的全球化趋向已成为现实。互联网的跨国特性导致某些本属于某个国家的“议程”得以在全球传播，成为全球互联网中的公共议程。当今的网络传播中，信息生产与流动严重失衡，技术发达、经济发达的国家尤其是美国在网络议程设置中居主导地位，处于“弱势”的国家或地区的受众，想要推出符合自己价值观的议程很难。近年来，美国不断对“互联网自由”“信息安全”“人权”“南海仲裁”等设置议题，控制这个领域的话语权。可以说，围绕着信息发布与“议题”设置的国际竞争和博弈将长期存在。

据美国《外交》杂志 2010 年 6 月 7 日发表的一篇题为“*The Twitter Revolution*”的文章披露，在伊朗内部，并不存在“推特革命”（Twitter Revolution）。“这里（指美国）有许多关于伊朗抗议的评论。然而当你认真观察时，你会发现，多数时候是美国人之间在使用 Twitter 沟通。”② 为了使伊朗国内抗议时能无障碍沟通，美国国务院工作人员曾要求 Twitter 推迟原定的网络维护。福柯认为，权力是“一组确立人们的地位和行为方式、影响着人们日常生活的力量”③。网络群体性事件

---

① 何威. 从“网络推手”到信息操纵［J］. 新闻与写作，2011（4）：35.

② 格娜兹·埃斯法德利. 并不存在的推特革命［J］. 国外社会科学文摘，2010（11）：36.

③ J. 丹纳赫，等. 理解福柯［M］. 刘瑾，译. 天津：百花文艺出版社，2002：56.

博弈具有明显的操控效应，它“是争夺人心的权力的运动，而不是争夺国家的权力的运动”①。

第六节　网络群体性事件的马太效应

一、越受关注的信息则越被关注

马太效应（Matthew effect）是一种社会心理效应。马太效应来自《圣经》“马太福音”：“凡有的，还要加给他叫他有余；没有的，连他所有的也要夺过来。”② 马太效应表现在社会领域，是“强者恒强，弱者恒弱”；表现在财富领域，是“穷人越穷，富人越富”；表现在互联网传播领域，是信息“越被关注则越被关注，越不被关注则越不被关注”。

二、信息传播严重失衡

（一）马太效应使信息传播出现严重的分化

网络群体性事件中的马太效应显现为网络信息传播中严重的两极分化。面对海量信息，网民有信息的选择权。但在互联网中，网民越关注的信息往往受到更多的关注，由此产生的网络群体性事件自然会迅速聚集更多的人气，吸引更多的网民知道并参与其中。与此同时，网民“沉默的螺旋”现象强化了网络信息传播中的马太效应。“沉默的螺旋”（the spiral of silence）概念最早见于德国学者诺依曼1974年在《传播学

① 曼纽尔·卡斯特．网络星河——对互联网、商业和社会的反思［M］．郑波，武炜，译．北京：社会科学文献出版社，2007：153.

② 车文博．当代西方心理学新词典［M］．长春：吉林人民出版社，2001：214.

刊》上发表的一篇论文，1980 年她以德文出版专著《沉默的螺旋：舆论——我们的社会皮肤》，对这个理论进行了全面的概括：一是舆论的形成是大众传播、人际传播和人们对“意见环境”的认知心理三者相互作用的结果；二是经大众传媒强调提示的意见由于具有公开性和传播的广泛性，容易被当作“多数”或“优势”意见所认知；三是这种环境认知带来的压力或安全感，会引起人际接触中的“劣势意见的沉默”和“优势意见的大声疾呼”的螺旋式扩展过程，并导致社会生活中占压倒性优势的“多数意见”——舆论的诞生。①

2009 年 5 月 10 日晚，湖北省巴东县野三关镇政府 3 名工作人员在该镇宾馆梦幻城休闲消费时，因要求女服务员邓玉娇提供特殊服务而与之发生争执。邓用刀刺伤两人，其中一人被刺中喉部，不治身亡。死者邓贵大是野三关镇政府招商办公室主任。随后，邓因涉嫌故意杀人被当地公安局刑事拘留。巴东警方于 12 日将邓玉娇送到医院进行抑郁症检查鉴定。18 日，警方宣布邓玉娇涉嫌故意杀人对其立案侦查。26 日晚，警方决定将对邓玉娇的强制措施变更为监视居住。5 月 31 日，湖北省恩施土家族苗族自治州公安机关宣布对“邓玉娇案”侦查终结，认为邓玉娇致人死伤的行为属防卫过当。由于此前巴东警方先后发布的案情通报相互矛盾，引起网友与媒体的强烈质疑，网络上先后出现“烈女邓玉娇传”“侠女邓玉娇传”等热门网帖，网络上“烈女斗贪官”“邓玉娇无罪”的呼声铺天盖地，邓玉娇因为其正当防卫的举动被喻为替天行道的“抗暴英雄”。邓玉娇的命运也因为网络舆论呼声和网友的积极帮助而实现转变。对于邓玉娇事件，各大网络媒体和社区都迅速地产生大量讨论和消息跟进，在网络讨论中逐渐形成一个主导意见，产生出

---

① 郭庆光．传播学教程［M］．北京：中国人民大学出版社，1999：221；张鑫．论大众传媒议程设置功能的发挥［J］．长沙理工大学学报（社会科学版），2005（1）：116－118.

具有强大感染力和影响力的网络舆论。邓玉娇案中，由网民、专家自发形成了“邓玉娇无罪，邓贵大该死，地方政府不可信”的“支配性舆论”，把其他不同的声音排挤了出去，甚至压倒了更为理智的声音，如著名刑法学家马克昌教授从专业角度对案件的评点遭到网民铺天盖地的围攻。网络舆论几乎一边倒地支持邓玉娇，普遍认为邓玉娇不该为她的“英雄行为”承担责任。应当说，这种根植于广大网民心中的正义呼声在一定程度上影响了司法判决。

（二）马太效应表现为网民经常访问的网站越来越集中

在新媒体领域，马太效应指的是网民虽然越来越多，但是，他们经常访问的网站却越来越集中在少数几个网站上。在国内，有影响的网民经常访问的网站越来越集中在新浪、搜狐、腾讯等门户网站和天涯、知乎、猫扑、凯迪等网络社区，微博集中于新浪、腾讯等。美国 Jupiter 媒体调查研究公司（Jupiter Media Metrix）等多家调查机构发布的报告称，Google、Twitter、Facebook 以及 YouTube 四家网站吸引美国用户驻足浏览的时间占用户上网时间的一半还多，即四家网站瓜分网民半数线上时间。①

第七节　网络群体性事件的极化效应

一、信息茧房与网民的圈层化

网络群体性事件发生过程中经常会出现意见对立甚至极端的现象——极化效应。所谓“极化”，有的定义“极化本身既是一个过程，

---

① 黄小榕. 创新党报合作的思路与机制［J］. 当代传播，2006（1）：52.

也是一种状态。作为一种状态，极化是与某种理论最大化相联系的反对某一观点的意见程度；而作为一个过程，极化则指的是这种反对程度是否会随着时间而递增”①。极化是一种群体心理倾向，桑斯坦将“群体极化”定义为“团体成员一开始即有某些偏向，在商议后，人们朝偏向的方向继续移动，最后形成极端的观点”②。国内学术界认为，极化效应大致表现为两个方面：一是网络群体成员在网上就某一问题进行反复讨论后出现的意见和观点的分化、移动、集中，并达到对立或相反的一种网络现象。③ 二是网民一开始即有某种偏向，在网上通过交流后，人们朝偏向的方向继续强化，最后形成极端的观点和行为。④

群体极化效应在网络传播中表现得十分明显。在网络论坛里有关某个主题的激烈讨论经常会出现意见一边倒的现象。发帖者的最初观点或意见倾向通过网民的热议，最终得到了进一步强化。

在群体讨论中，个体态度的转变并不仅仅由于听到他人的观点。讨论中的积极参与会比消极聆听更容易导致态度的转变。参与者和观察者听到的是相同的观点，但是一旦参与者用自己的话语表达该观点时（在这里可以理解为该观点被参与者内化了），这种影响便会得到进一步的强化。群体成员对别人观点重复得越多，他们就越有可能认同这些观点，⑤ 在这种情境中群体的情感因素淹没了人们的理智（也即去个性化），这正是群体极化效应产生的重要的心理机制。美国心理学家萨

① 乐媛，杨伯溆．网络极化现象研究——基于四个中文 BBS 论坛的内容分析［J］．青年研究，2010（2）：1.

② 凯斯·桑斯坦．网络共和国——网络社会中的民主问题［M］．黄维明，译．上海：上海人民出版社，2003：47.

③ 柳春，陈柳，唐津平．泛网络传播时代群体极化现象浅析［J］．大众科技，2011（7）：287.

④ 王邈，蒋一斌．网络群体极化及其心战功能［J］．西安政治学院学报，2006（4）：36.

⑤ 牛新权．网络热点事件传播中的心理效应分析［J］．声屏世界，2009（1）：38.

拉·凯拉尔在研究中发现，群体极化现象不仅存在于现实中，而且同样存在于网络中。他与同事也通过研究证明，网络中的群体极化现象更加突出，大约是现实生活中面对面时的两倍多。①

二、信息选择窄化引发社会分裂

互联网对群体极化心理起到了强化作用。正如美国学者凯斯·桑坦斯所说："毫无疑问，群体极化发生在网络上。讲到这里，网络对很多人而言，正是极端主义的温床，因为志同道合的团体会彼此进行沟通讨论，到最后他们的想法和原先一样，只是形式上变得更极端了。"②

（一）互联网有助于信息的过滤并带来极度的信息窄化

互联网的发展带来海量信息的同时日益分众化，网民在网上根据兴趣定制各种信息，接触的信息更狭窄。事实上，我们离传播系统完全个人化的时代已经不远了。科技使消费者过滤所读所看所听的力量越来越强大，当筛选的力量没有限制时，人们能够进一步精确地决定，什么是他们想要的，什么是他们不想要的。他们设计了一个能让他们自己选择的传播世界。桑斯坦将这种现象称之为消费者的"我的日报"（My Daily）。③

（二）信息窄化与信息茧房有可能诱发社会分裂

互联网的世界中，人们根据自己的喜好进入不同的群组，寻找到与自身志趣相投的知音。因共同爱好与价值取向而经常聚集的网民，主动

---

① Wallace P. 互联网心理学［M］. 谢影，苟建新，译. 北京：中国轻工业出版社，2001：88；董玉芝. 新媒体视域下网络群体极化的成因及对策［J］. 新闻大学，2014（3）：114.

② 凯斯·桑斯坦. 网络共和国——网络社会中的民主问题［M］. 黄维明，译. 上海：上海人民出版社，2003：50－51.

③ 凯斯·桑斯坦. 网络共和国——网络社会中的民主问题［M］. 黄维明，译. 上海：上海人民出版社，2003：1－4.

或被动地摒弃了接触社会其他群体的机会。闭塞群体内部的发展是单向度的，易使人产生偏激思想与情绪，且容不得其他思维方式、思考方式和行为方式的进入。这样的小团体增多，容易引起社会分裂。这种网民群体乐于将同样倾向的链接发布在网络中，这种互联网中的团队或群体类似于庞大信息网络中的“茧房”或“回音室”，深陷其中的网民自以为自己置身于世界社会信息的汪洋大海中，殊不知只是落入自己的回音壁罢了。这种“茧房”必然在当下互联网的大环境中带来群体与群体之间的进一步分化，或同一群体中网民的进一步同质化。

第八节　网络群体性事件的共振效应

一、网络舆论与传统媒介互动的共振效应

网络空间具有积聚社会能量的功能。公民之间、各种社会组织和社会群体之间的横向联系、网上交际的迅速发展、网上社团的出现等都加强了公民间的沟通和了解，促进了各种具体利益的表达和聚合。另外，互联网使组织和个人传播自己的思想的能力大大加强，使组织政治活动变得十分容易。在网络群体性事件的发展过程中，互联网积聚的社会能量主要表现为：公众的广泛参与是积聚社会能量的基础，新媒体技术的普及性应用是社会能量发酵、生成和放大的催化剂，共同的社会关注则是社会能量的聚合和引爆点。网络群体性事件发生后，往往是网络、报纸、电视、广播等媒介轮番跟进叠加，形成共振效应。

二、多向互动与立体传播放大了网络群体性事件的强度

以数字技术、网络技术为代表的现代信息传播技术的迅猛发展和广

泛应用，大量新的媒体形态、媒介终端及信息传播平台的出现，加上已有的广播、电视、电话、图书、报纸、刊物等信息媒体，让信息传播路径呈爆炸式的增长，数量无穷、形态多元且高度复杂。每一种新传播形态的诞生都会让复杂程度提升一个量。两点一线的清晰路径已经不复存在，人们已经无法描绘一条从发出到抵达，中间到底走过多少条衍生、分叉、扩散、反复、迂回的路径。信息传播从单向变为多向，从集束式变为发散式。①

微博、微信等新媒体的发展，使个人、社会和媒体之间的互动大大增强。在这三者加速互动的过程中，网络群体性事件爆发的频率与强度大大增加。双方互动、三方互动与多方互动是网络媒体运作的典型表现。网民既是传者，又是受者，甚至二者可在网民身上同步进行，体现出一种信息传播多向互动、放大增强的效应。

“当微媒体上的热点新闻事件被曝光后，会迅速在网络上通过不同的途径进行传播，或网站，或博客，或 BBS，在各种网民舆论场的联动影响下，舆论导向进一步增强。”② 其舆论的强度与烈度对政府执政、司法审判乃至人们的日常生活造成全面影响，影响着公共事务和政策的走向。“当微媒体上的热点新闻事件被曝光后，会迅速在网络上通过不同的途径进行传播，或网站，或博客，或 BBS，在各种网民舆论场的联动影响下，舆论导向进一步增强。”③

---

① 雷霞. 移动新媒体时代的舆论引导研究［M］. 北京：中国广播电视出版社，2014：序，3.

② 匡文波. 新媒体舆论：模型、实证、热点及展望［M］. 北京：中国人民大学出版社，2014：109.

③ 匡文波. 新媒体舆论：模型、实证、热点及展望［M］. 北京：中国人民大学出版社，2014：109.

三、共振效应倒逼网络群体性事件的走向

互联网技术的高速发展使“全民麦克风时代”到来，只要是手机持有者，就能点击进入网络社会中，民意表达经常由虚拟走向现实。回溯2012年6月陕西安康孕妇被强制引产事件，2012年8月，“上访妈妈”唐慧被判劳教事件，“雷政富不雅视频”事件，无一不引起全国网民的热议。一时间网民们口诛笔伐，反思计划生育政策、取消劳教、呼唤建立官员财产公开制度等呼声不绝于耳。舆论场的共振效应倒逼网络群体性事件的解决走向，人肉搜索、网络审判甚至引发了“躺着也中枪”的现象。①

总之，Web2.0时代社会化媒体上的信息传播规律完全颠覆了Web1.0时代网络舆论影响力扩散的模型，互联网的架构与信息传播体系正在改变，防范和治理网络群体性事件的原则、体制机制、策略与方式也应随之调整。

① 武汉大学互联网科学研究中心．微变革·大传播：微博与突发事件［M］．北京：电子工业出版社，2014：4.

第五章

网络群体性事件的防范

互联网的持续发展正在改变网络群体性事件形成与扩散的路径和模式，也对传统的危机管理模式提出了挑战。错综复杂的社会现实和网络虚拟空间，不仅表明网络群体性事件防范和治理的重要性提升，而且也预示着网络群体性事件防范和治理的难度加大。

第一节　高度重视网络群体性事件防范和治理的新要求

网络群体性事件的防范和治理是一项庞大的系统工程。应该说，网络群体性事件防范和治理不同于现实世界的治理活动，有其特殊性，主要表现在以下几个方面。

一、互联网的设计原则导致网络群体性事件防范和治理方式具有复杂性

互联网从诞生之日始，遵循的是“开放”的理念，采用端到端的核心设计理念，使得网络与业务分离，业务接口开放。特别是 Web2.0 和 P2P 技术的发展和应用，使互联网难以定位和溯源，客观上为不良信息传递提供了便利，造成了互联网管理的复杂性。

互联网所有的业务都是寄生型业务，网络与业务分离，业务提供者

不需要掌控网络资源，网络控制权交给用户，用户拥有最大自由度，互联网成为向全社会开放的信息平台。简言之，互联网的产生是计算机通过有线与无线网络互联互通完成的，互联网发展在技术上依托电信行业，其内容管理则属于大众传媒管理的范畴。

二、互联网的架构使得网络群体性事件防范和治理主体具有多元性

互联网是一个无边界、无中心的分散式结构，网络的扩张把传统的金字塔式等级制度转变为有机的网络，使社会结构逐步扁平化，使权力迅速下移，一元决策中心将发展成为多元决策中心，其发展强烈地侵蚀和动摇了等级制权力结构，权力集中的传统将被削弱，集权将走向分权。

基于网络的发展，治理理论得到广泛认可。治理意味着政府应该依靠各种公共的或者私人的个人和机构共同管理其事务，不再是单中心治理，而是一种多中心的治理。治理理论认为治理的主体不仅仅是政府，而应该是包括企业、非政府公共组织在内的多元化主体。网络群体性事件的治理过程不仅要依靠网络立法、行政监督，还要充分发挥行业自律和网民自律的作用，这就使得网络群体性事件治理的主体呈现多元化趋势。不同的组织有着不同的运行规则，它们在互联网治理过程中的地位不同，发挥作用的方式也不尽相同。因此，如何实现同一目标下的不同主体间行动的协同治理与配合成为网络群体性事件治理的难点。

我国网络群体性事件的防范和治理根据互联网管理任务的不同来划分不同的管理主体和责任主体，实行多部门管理，它们分别负责网站设立的审批、经营项目的审批及内容管理等。目前涉及的部门有国家网信办、中共中央宣传部、国务院新闻办、工业和信息化部、公安部、国家安全部、国家新闻出版广电总局、文化和旅游部、卫健委、教育部、国家市场监管总局、国家保密局等部门。当前我国网络群体性事件的防范

和治理呈现一种多部门联合治理、中央与地方协同治理，以及国家与社会联动治理的联合型治理特征。①

三、网络群体性事件防范和治理的内容具有广泛性和不确定性

网络群体性事件治理的决策者所面临的环境不是传统静态的确定环境，而是动态的不确定的环境，这给互联网的治理主体带来了很大的挑战，对决策主体的决策能力提出了越来越高的要求。决策者如何在动态、不确定的环境中对互联网系统环境下出现的问题作出准确的判断，并及时地作出合理的治理决策，成为每一个互联网治理参与主体所面临的挑战。

从上面分析不难发现，网络群体性事件防范和治理的有些难题是互联网的核心设计原理带来的，这些架构和运用的改变需要通过设计理念的转变、技术改造等来实现。有些难题是因为互联网被滥用带来的，需要协同治理；还有些问题是由于互联网行业管理不足带来的，这需要强化行业管理。②

四、网络群体性事件的防治需要实时治理、协同治理与分级治理

（一）实时治理

网络群体性事件的偶然、非线性、跳跃式发展，使得传统的危机预警机制效力降低。因此，在使用高科技建设针对网络群体性事件监测预警体系的同时，应重点建设实时的应急管理决策体系，以便快速反应。3G、4G 条件下网络群体性事件的防范和治理必须树立“第一时间”处置法则。3G、4G 时代网络信息和舆论传播的速度、效率、便捷性远远

---

① 叶敏．中国互联网治理：目标、方式与特征［J］．新视野，2011（1）：47.

② 何宝宏．从技术的角度看互联网治理［J］．电信网技术，2005（10）：3.

超出之前任何一种媒介，引领了一场新的信息传播革命。这要求我们防范和治理网络群体性事件要大步提速，第一时间反应，掌握网络舆论，引导话语权、主动权，主动设置媒介议程和公众议程，牢固将第一时间法则作为处置网络群体性事件的基本原则。要根据网络群体性事件演变的不同阶段和特点采取相应的有效措施。

（二）协同治理

我国网络群体性事件的防范和治理按信息形态和内容的不同来划分不同的责任主体，实行多部门管理，涉及的党政部门为数众多。党的十八届三中全会首次将推进国家治理体系和治理能力现代化作为全面深化改革的总目标。在中国的宏观治理语境和条件下，治理是执政党、政府、社会及市场等各种主体各自发挥自身的优势，各就其位，各尽其责，针对复杂的公共事务问题展开协同合作，共同实现治理目标的过程。

网络群体性事件是复杂的治理问题，其治理涉及政府、社会组织、企业、媒体及公众等多元治理主体。只有实现跨部门、跨组织之间的协同合作，才能发挥多元治理的协同效应。协同治理包括两个方面的内涵：一是“大协同治理”，即不同性质治理主体之间的协同治理；二是“小协同治理”，即同一性质治理主体内部的协同治理。协同治理包括三类主体协同模式：一是政府组织之间的协同合作，即行政部门之间的协同合作，行政部门与立法、司法部门之间的协同合作；二是政府组织与非政府公共组织之间的跨部门协同合作；三是政府、非政府组织等公共组织与企业组织之间的公私协同合作。在治理手段上，协同治理强调各种治理手段的综合运用，既包括传统的行政手段，也积极引入经济、法律、文化及科技手段。只有针对具体问题，采用综合治理手段，才能实现复杂网络群体性事件的长效治理、“标本兼治”①。

（三）分级治理

网络群体性事件爆发强度不同，不同阶段的发展特点各异，防范和治理网络群体性事件应考虑针对不同阶段特征采用分级响应的实时性治理措施。

网络群体性事件影响范围和程度亦有差别，虽然官方文件并未界定网络群体性事件的分级，但网络群体性事件的防范和治理应考虑针对不同网络群体性事件的分级介入的程度和治理的措施。由于互联网在中国承载了太多的功能，网络群体性事件体现了网民的利益诉求和情感的走向，有时扮演了减压阀的功能。

从网络传播革命的趋势和威力来看，当前，政府要把主要精力从被动应对转到主动调整国家网络群体性事件安全战略上。从阶段性的疾风骤雨式的社会整治行动到运筹有度、统领全局的战略控制上。在一级层面，构建新的国家信息安全战略，提高辨析风险和机遇的能力，从被动的简单防范到积极灵活地应对；在次级层面，建立重大网络事件的预警机制和分等级的防线，提高复杂环境下的快速反应和应对能力。②

“凡事预则立，不预则废。”危机传播管理的最好方法就是在危机爆发前进行防范，而不是在危机爆发后进行危机管理。敏锐察觉引发危机的各种征兆，将引发危机的各种隐患消灭在萌芽阶段。阻止量变的积累才能避免发生质变，遵守预防第一的原则会使组织遭受的威胁降到最低，甚至避免任何的破坏。③

---

① 赖先进. 论政府跨部门协同治理［M］. 北京：北京大学出版社，2015：27－28.

② 蔡文之. 网络传播革命：权力与规制［M］. 上海：上海人民出版社，2011：247.

③ 庞亮. 危机传播视野下的媒介素养教育［M］. 北京：中国传媒大学出版社，2015：12.

第二节　提高网上执政能力防范网络群体性事件

互联网已成为治国理政的新平台，运用网络等新媒体的能力已经成为各级领导干部执政能力的重要标准。

一、把互联网建设成为传播社会主义先进文化的前沿阵地

（一）加强主流新闻网站和重点门户网站的建设

主流新闻网站和重点门户网站是我国网络时代中特别需要加强建设与管理的阵地，它们既要发挥新闻舆论排头兵的作用，又要成为老百姓喜爱与信赖的主流网站。在信息千变万化的大数据时代，具有公信力、影响力和传播力的主流网站影响力强，在网络群体性事件中充当中流砥柱，发挥议程设置作用。

政府应主动扶持互联网中主流新闻网站的建设，在政策上予以优惠与倾斜，在资金上大力投入，提高主流新闻媒体和门户新闻网站的硬件与软件建设，在新闻采编与发布上予以优先权，提高其传播力与影响力。政府要帮助打通新媒体与传统媒体之间的协同障碍，加强双边技术交流、信息交流与人才交流，促使其在重大网络群体性事件中，形成强有力的舆论联动。

（二）把传统主流媒体和互联网的优势有机结合

互联网近年来迅猛发展，以自媒体和社交媒体的兴起见长，传统主流媒体则是国家扶持、精英把关的党的喉舌，两者各有优势。传统主流媒体多年发展形成的新闻发布的权威性、对新闻信息报道的深度以及引导舆论的经验是网络新型媒体缺乏的，新媒体的创造性、新闻题材的丰富性与传播方式的快速性和多变性是传统媒体缺乏的，因此两者的强强

联合及优势资源互补能使得现代传播手段与技术的优势最大限度发挥，对社会舆论的形成与引导起到强有力的作用。

政府应通过新媒体与传统媒体的有效合作，预防网络群体性事件的发生与扩散，对重大网络群体性事件进行泄洪分流，有效治理网络群体性事件的反复。互联网时代的主流媒体既是维护公民知情权的重要保障，又是引导和缓释网络群体性事件的重要阵地。政府应当统筹传统媒体与主流网络媒体产生合力，有效预防、应对与处理网络群体性事件的发生、发展及影响。

（三）把握未来舆论引导主导权

互联网的发展带来了信息传播方式和媒体格局的深刻变化，技术的变革进一步提升了互联网的传播能力。互联网在未来舆论阵地将占据更大的话语权，其舆论力量的强度对政府执政、司法审判甚至人们生活中的方方面面都有巨大影响。要从战略的高度调整舆论工作重心和媒体布局，将互联网作为宣传教育和舆论引导的最重要基地，作为统合其他传统媒体的主要平台，以传播力、公信力的打造为重心，加速培育主流网络媒体，加强网络评论员队伍建设，加强网络管理队伍的思想政治工作，加大对社会热点、难点和网络群体性事件的引导，有效引导网上舆论，全面提高网上正面宣传和舆论引导水平，有效防范网络群体性事件发生。

二、建立民众与政府的网络沟通渠道

（一）利用网络保障公民的知情权、参与权、表达权、监督权

在网络媒体舆论场和传统媒体舆论场共同作用下，网民对社会公共事务和政府部门的各项工作已经不再满足于“知其然”，还要“知其所以然”，既要知道结果还要了解过程；不再满足于被动接受，更想参与其中，发表自己的意见建议并且监督政策的制定执行。政府要做到决策

过程和决策结果的公开，要通过与公众的密切交流互动及时回应社会关切，使政府经济社会政策公开、权力运行透明，要让群众看得到、听得懂、信得过、能监督。国务院新闻办公室2010年6月8日发布的《中国互联网状况白皮书》更是旗帜鲜明地表示："互联网为人们享有知情权、参与权、表达权和监督权提供了前所未有的便利条件和直接渠道，为政府了解人民意愿，满足人民需要，维护人民利益发挥了日益重要的作用。中国政府将坚定不移地维护公民依法享有的互联网上言论自由。"①

（二）信息透明架起政府和民众之间的"信息桥"

政府信息的透明度问题是近几年来的一个热点问题。在互联网的强大作用面前，过去那种实行信息封杀的做法已经行不通了，政府有必要主动架起和民众之间的"信息桥"。2013年10月11日，中国政府网正式开通官方微博和官方微信，国务院的重要决策部署和政策文件等内容通过新浪微博、腾讯微博和微信等新媒体形式权威、准确、及时地向社会公众公开。自《中华人民共和国政府信息公开条例》施行以来，我国政府在信息公开方面迈出重大步伐，取得显著成效。但是也要看到，随着多元化媒体格局和多元化舆论格局的形成，各级行政机关在依法公开政府信息、及时回应公众关切特别是正确引导舆论方面缺乏理念和能力，一些部门仍然存在信息公开不主动、不及时，面对公众关切不回应、不发声等问题，导致公众产生误解或质疑，给政府形象和公信力造成了不良影响。为了改变这种状况，国务院办公厅于2013年10月1日出台了《关于进一步加强政府信息公开回应社会关切提升政府公信力的意见》，从"进一步加强平台建设""加强机制建设"和"完善保障措施"三个方面提出了十点意见。

信息公开可以采用如下有效措施：①公布公共电子邮箱，使民众能

① 叶敏．中国互联网治理：目标、方式与特征［J］．新视野，2011（1）：45.

即时提出意见与建议，直接与政府沟通；②建立政府职能部门的门户网站，使民众能实时了解追踪政府工作的进度与业绩；③在 BBS 上发布征求民意的信息，吸引民众关注并参加讨论。有效的沟通可以加深民众对政府职能部门工作的了解，消除民众与政府间的隔阂，及时解决老百姓的问题，化解网络群体性事件。

三、提高领导干部互联网执政的新能力

网络的兴起已经将我们推入了传媒聚光灯和大众麦克风时代，这对党和政府的网络群体性事件治理能力尤其是执政能力提出了更高要求。互联网时代谁越早越准确地公开信息，谁就抢占了新闻的制高点，谁就主导了重大事件的话语权。面对网络群体性事件，政府各级部门不仅要在主流媒体上发声，而且要不时回应网民的质疑。当前，我国改革进入攻坚阶段，要求政府尤其是网信部门具有快速准确的舆情搜集和研判能力。如果政府在网络群体性事件和敏感问题上失声或是妄语，将无法应对网上的“众声喧哗”。

网络虚拟社会的发展壮大使得互联网本身也成为关系社会稳定发展的主要因素之一。近年来我国总体保持社会稳定势头，但突发性事件时有发生。事件发生后，人们利用互联网络将事态进一步扩散与激化，如“孟连事件”“瓮安事件”“陇南事件”等，都是在某些社会性突发事件发生之后网民通过网络进行广泛传播，使得事件被进一步发酵而导致冲突升级。对此我们必须高度警惕。

突尼斯“茉莉花革命”与“阿拉伯之春”是前车之鉴，必须高度重视互联网带给国家治理的挑战。“过不了互联网这一关，就过不了长期执政这一关。”① “要进一步加强和完善信息网络管理，提高对虚拟社

---

① 习近平. 加快推动媒体融合发展 构建全媒体传播格局［J］. 求是，2019（6）：5.

会的管理水平，健全网上舆论引导机制”①，全面提高网上执政能力及网络虚拟社会管理水平。

（一）完善更加专业、权威的互联网管理专门机构

从维护社会长治久安的战略高度出发，应及时建立和完善更加专业、权威的互联网发展和管理专门机构。要从顶层设计上解决互联网管理体制不顺的问题。当前，对互联网的管理涉及宣传、文化、广电、通信、公安等多个领域，但目前各网络管理部门职能不明，职权不清，权威不足，难以有效协调各个部门共同做好互联网发展和管理工作，容易导致九龙治水、效能滞后，无法应对越来越凸显的互联网虚拟社会管理的挑战。突尼斯、埃及事件带来的警示表明，网络虚拟社会稳定关系到现实社会稳定，网络虚拟社会安全关系到现实中国家的长治久安。因此，我们必须从维护国家长治久安的战略高度出发，尽快完善一个更加专业、权威的网络发展管理专门机构，集中行使网上宣传引导、网络管理执法、网络发展规划、网络应急协同等职能，克服当前网络管理政出多门、难以协调等弊端，使网络发展做到整体统筹、科学发展，使网络管理更加规范有序、科学高效，确保能牢牢掌握网上意识形态斗争、网上政治动员、网上舆论引导的主导权，特别是在重大网络群体性事件发生时能做到迅速落实党和政府指令，对网络进行统一、科学、高效管理，维护党的执政安全，避免网络发展无序和管理混乱而成为经济社会稳定发展的消极因素。

（二）从战略的高度推动互联网技术的进步和发展

从提升国家综合竞争实力的战略布局入手，进一步加大力度推动互联网技术进步和发展繁荣。作为现代信息社会的重要标志，互联网的技术进步和发展繁荣关系到一个国家能否抢占信息时代的制高点，能否在

① 提高对虚拟社会的管理水平［N］. 潇湘晨报，2011－2－20（A04）.

激烈的国际竞争中有效传播自我文化、捍卫自我信息安全，关系到一个国家在国际激烈竞争中的综合实力。突尼斯、埃及事件表明，在互联网技术和传播上受制于人，经济社会的稳定发展和国家的长治久安也会受制于人。因此，我们必须把促进我国互联网技术进步和发展繁荣摆在更加突出的重要位置，纳入增强国家综合竞争实力的战略布局，下更大力气予以推动，增强我国网络科技和网络传播整体实力。要加强引导、加大投入、加劲培育，促进有潜质的重点网站，尤其是国有资本掌控的重点网站加快发展壮大，涌现出一批经济技术实力强、传播影响范围大、具有国际竞争力的重点网站，使我国网上传播能力不断增强，由互联网大国成为互联网强国。要出台政策、建立机构、重用人才、投入专项资金，加强对互联网新技术新手段的研究开发，提高有效防范境内外敌对势力借助互联网进行渗透煽动的能力，筑牢网上信息安全长城。要通过大力促进网络技术进步和发展繁荣，为提高对信息网络虚拟社会的管理水平奠定更加坚实的物质基础，提高我国在信息化时代背景下的综合竞争实力，捍卫我国的信息主权和执政安全。

四、提升网上虚拟社会管理的关键能力

从增强适应网络时代执政要求的战略力量着眼，要全面提高网上虚拟社会管理的四种关键能力。从本质上来讲，强大的互联网应用和管理能力是一种非常重要的战略力量。突尼斯、埃及事件中互联网发挥的重要作用表明，这种战略力量对于维护经济社会稳定发展与维护党的执政安全至关重要。为此，我们必须着力提高四个方面的关键能力，才能更好适应信息时代执政的新形势新要求，成功应对来自网络虚拟社会的新机遇新挑战。

（一）着力提高网上公共服务能力

主要是进一步增强各级党委政府上网用网意识，建立制度、配足力

量，健全政府舆情信息工作机制，推动各级党委政府积极运用互联网来听取民声、体察民情、集中民智、解决民忧、造福民生，及时化解矛盾、理顺情绪、促进和谐。

（二）着力提高网上舆论引导能力

主要是进一步健全舆论引导机制，紧紧围绕大局，牢牢把握正确舆论导向，加强网上正能量，创新网络宣传内容、形式和方法，有效做好热点、难点问题的宣传引导工作，不断营造健康向上的网上舆论氛围。

（三）着力提高网上执法监管能力

主要是进一步完善法律法规，建立健全网络宣传管理执法机制，丰富互联网监管执法技术和手段，坚持独立自主的互联网执法管理政策，及时遏制有害信息在网上传播，提高依法管网、科学管网、规范管网的水平。

（四）着力提高网上危机应对能力

主要是进一步建立健全重大突发事件网上应急预案，建立健全以党委和政府网信办牵头、各职能部门密切配合的网络群体性事件网上应对协调机制，提高各级各部门应对重大突发事件网络协同作战的能力和水平，有效维护经济社会稳定发展大局。

第三节　走网上群众路线防范网络群体性事件①

互联网已成为人们获取信息的重要渠道，也是党和政府了解民意、凝聚民智的重要载体，联系群众的新的纽带。分析和研判网络舆情，通

① 该部分主要内容作者曾以《论互联网时代群众工作的创新》为题发表在《当代世界与社会主义》2014 年第 3 期。

过网络问政于民、问需于民、问计于民，已经成为信息化时代坚持党的群众路线、防范网络群体性事件的重要体现和必然要求。网络业已成为信息时代践行党的群众路线的重要阵地。

习近平总书记强调："网民来自老百姓，老百姓上了网，民意也就上了网。群众在哪儿，我们的领导干部就要到哪儿去。""各级党政机关和领导干部要学会通过网络走群众路线，经常上网看看，潜潜水、聊聊天、发发声，了解群众所思所愿，收集好想法好建议，积极回应网民关切、解疑释惑。善于运用网络了解民意、开展工作，是新形势下领导干部做好工作的基本功。"① 中国共产党最大的政治优势就是密切联系群众，群众路线是我们党的生命线和传家宝。在网络时代，不了解网络舆情，就不可能全面了解民意。用走网上群众路线预防网络群体性事件，是一条重要的思路。

一、开展互联网群众工作是网络时代践行党的群众路线的新要求

2019 年 6 月，我国网民规模达 8.54 亿，手机网民规模达 8.47 亿。② 网民源自社会，网络连接着千变万化的现实。互联网将党的群众工作与人民群众紧密联系，切实发挥着民主监督的功效。网络不仅创造了民意表达的一种新形式，更为党和政府利用网络引导舆论、沟通社情民意提供了便利条件。

应该说，民意上了网，群众路线也要随之走到网络上去。党的群众工作也应与时俱进，联系群众的方法也要做相应改变。从之前的现实生活中的群众路线转化为利用网络延伸，深入至人民群众中去。在网络上

① 习近平. 在网络安全和信息化工作座谈会上的讲话［N］. 人民日报，2016 - 4 - 26 (2).

② 中共中央网络安全和信息化委员会办公室，中华人民共和国国家互联网信息办公室［R/OL］. 中国互联网发展状况统计报告，2019 - 08 - 30.

与群众沟通，在网络上关怀人民群众生活。利用网络问政、问需于网民，形成网民在哪里，群众工作就到哪里的局面。

（一）开展互联网群众工作是网络时代密切联系群众的新举措

网络塑造了一处政府与百姓直接、平等对话的空间。网民可以通过网络直接表达自己的疑惑与忧虑，党政部门通过网络直接倾听网民呼声，及时掌握群众心声。网络为民情的向上传递，政府决策的至下传播，政府与网民的互动交流，网民的情绪疏通，政府迅速了解民意、解决问题，提供了极大的方便。具体来说：

一是开展互联网群众工作创新了执政党和人民群众的交流方式。借助互联网的便捷性优势，群众能随时表达，向政府部门讲真话、发真言，政府部门也能即时掌握老百姓的思想动态，根据民情随时作出反应，改良自身工作。网络成为政府工作好助手，民意可以直达高层，成为政府了解社情民意不可或缺的工具，中国民众的知情权、参与权、表达权、监督权得到充分的扩展。

二是拓展了执政党密切联系人民群众的沟通渠道。互联网改变了以往传统的单一沟通模式，建立了双边互动的交流机制。这一沟通机制不仅缩短了党与群众的距离，且有助于党和政府及时了解社会基层动态，树立亲民形象，填补政府与群众之间的理解误区。弥补过去政府和群众之间的信息资源的公共性低、信息资源分布不均衡的问题。

三是提高了党和政府的公信力。人民网调查显示，65%的网友认为“网络问政”是党政官员了解民意的有效方式。各级领导对这一平台的利用，能提升党政机关的公信力，容易让群众产生认同感。这种长期的良性互动，拉近了官员与群众的距离，增进了党员干部与人民群众的感情，也有利于官员树立自身亲民、爱民的良好形象。① 可以说，网络问政是网络时代开展群众工作一种有效方式。

（二）加强互联网群众工作是推动民主决策、科学决策的重要途径

领导干部与网民在线交流，人大代表和政协委员网上征集民意，各级党政部门建立网络舆情收集、处理和回应机制，是网络时代决策民主的重要体现。

网络赋予每一位网民表达的机会，网络问政则有效地聚焦了人民群众密切关注的现实议题。因此，我们应将网友提出的一些建设性意见、建议及时转化为党委、政府的决策部署和工作措施。

（三）开展互联网群众工作是维护群众利益防范网络群体性事件的必然选择

网络社会作为现实社会的一种折射，现实社会矛盾会在网上得到反映，网络舆论反过来又可能影响现实社会。人民群众在网络上表达各种情绪，并在网络上寻求支持，以获取社会的聚焦与政府的关注，造成网络群体性事件勃发。

各级党委和政府要切实维护人民群众的根本利益，妥善解决人民群众在网络上反映的各种问题，提高群众工作的实效性，增强群众工作的辐射力，及时化解矛盾，理顺情绪，将问题解决在萌芽阶段，化解在基层，防范网络群体性事件发生。这是在互联网条件下必须掌握的群众工作方法。②

数以亿计的微博网友是当今中国规模最大的互联网内容生产者，微博上的海量信息中，既有专家学者的建言献策，也有普通百姓来自基层的鲜活民声，如果党和政府能从这些原汁原味的舆情中汲取积极养分，

① 侯莎莎．关于通过互联网开展群众工作的思考——以人民网“地方领导留言板”为例［J］．求实，2012（4）：81.

② 王敏．论互联网时代群众工作的创新［J］．当代世界与社会主义，2014（3）：150.

将对群众工作大有裨益。

二、加强互联网群众工作以防范网络群体性事件具有紧迫性

互联网为群众工作带来一系列新的契机的同时，也提出了严峻的挑战。

（一）部分领导干部出现了互联网群众工作方面的本领缺陷

互联网已经成为新形势下群众工作的新阵地，不少领导干部不能适应这种变化，出现做群众工作老办法不灵、新办法不会的情况。例如，微博是顺应新媒体迅猛发展趋势和创新群众工作载体的创新方法。

近年来，部分领导干部对互联网存在不同程度的畏惧与畏难心理，甚至对互联网产生了恐惧心理。比如，微博上流行的“官场新十大警示”：“开会发言不抽名烟，出席会议不戴名表，基层视察不打雨伞，灾难发生不露笑容，突发事件不当新闻发言人……”① 在戏谑和调侃中形象地展现了互联网给干部工作和生活带来的压力与转变。

（二）互联网空间群众工作的主导权遭遇挑战

互联网空间众声喧哗。传统大众媒体由主流媒体借助网络等新媒体向网络延伸而来，主要关注党和政府的中心工作。新闻网站与传统大众媒体报道和关注的重点有所区别，新闻网站在转载新闻和设置新闻议题时具有市场偏好，更加注重信息本身的新闻性和网民的信息需求，从而弱化或者滤掉了部分传统媒体在上级宣传机关指示精神下的指定宣传内容；网络意见领袖则以文字水平高、语言犀利、思想深刻、视角独特等见长，他们与网民的意见形成互动，激发网络讨论，引领舆论走向。网络“意见领袖”在与其“粉丝”的互动中，往往会生成网络意见圈群，他们定期网上聚会，就某些事件发表观点。一些网络意见圈群还会发展

① 李延英. 谨防网络“恐惧症”与“麻木症”[J]. 红旗文稿，2012 (18)：39.

成为网络社团。借助网络，普通人也可能具备“一呼百万应”的能力。当前网络群体性事件的这种现状，增加了准确研判舆情，正确把握人民群众需求的特点、规律，科学调控舆论发展方向的难度。①

（三）互联网负面信息综合征加剧了党政部门工作作风问题的危害性

在涉及政府与群众关系的矛盾问题上，群众对政府形象一直存有误区，缺乏对政府工作及政府权威的公信力，这一类负面“刻板印象”的认知情绪不断在突发性网络事件上得以验证。国内网民乃至一些媒体记者发布负面信息，炒作负面题材，普遍患上“负面信息综合征”。有调查表明，约有62%的中国网民表示更愿意发布分享负面信息，而全球网民的这一比例则为41%。②

网络群体性事件经常受到“贴标签”的影响，即媒体要对事件或者某人进行定性，贴上标签。一件事或者某人一旦贴上标签后即被定性，引发网民围观。

（四）网络群体性事件损害了人民群众的根本利益

一是网络信息发布一度不需审核，虚假信息多。即便是虚假信息，因其牵涉敏感话题，也将迅猛扩张。例如，广东增城“孕妇被治保队活活打死”、山西太原老百姓“等地震”等。网络虚假信息的灾害在于：一是利用公众的正义心，引起群愤；二是利用公共灾害引起恐慌；三是别有用心者利用虚假信息恶意操纵舆论。无论基于哪一点，一旦迅猛扩散，都有可能导致非理性大规模聚众事件，对社会造成危害。因此，对此类信息的发布，政府部门要及时核实与辟谣。

二是网络极端化情绪。仇腐、仇富是普通民众普遍具有的情绪。凡

① 王敏. 论互联网时代群众工作的创新 [J]. 当代世界与社会主义，2014（3）：151.

② 卿立新. 网上群众路线是新时期群众工作的重要方法 [J]. 求索，2012（12）：212.

是涉及“官、腐、富”阴暗面事件的帖子，网民之间就容易引起互动，产生共鸣。

三是网络群体性事件越来越多地转变为现实生活中的群体性事件，不断呈现出“上网发帖，下网聚集”“线上骂街，线下游街”“网上泄愤，网下滋事”的景象，网上非理性行为对现实非理性行为的诱发作用越发明显。

三、践行网上群众路线以实现施政与民意的同频共振

新形势下践行网上群众路线，关键要在充分互动和有效的网络沟通中积极转变工作方式和工作作风，始终密切联系群众，努力把互联网打造成沟通社情民意、引导舆论的有效平台，以制度化的形式保证群众的知情权和利益表达权，保证人民群众对权力的有效监督。

（一）树立互联网时代的群众观

互联网实现了领导干部与人民群众的零距离接触。打开电脑、点击鼠标、进入微博，人民群众原汁原味的语言就会呈现在眼前。这些来自群众、源于生活的意见能不能及时转化为执政的参考和警示，关键在于领导干部是否具备了强烈的群众观念。如果具备较强的群众观念，就会把互联网当作密切联系群众的平台，尊重群众、吸取意见、调整思路、纠偏决策，使政府决策或工作部署更加体现时代特征、符合群众意愿、满足群众需要。在信息技术迅猛发展的今天，网络已成为人民群众社交活动的重要场所，各级领导干部要继承和发扬党相信群众、依靠群众的优势，充分利用好群众工作这个法宝，进一步强化群众观念，通过互联网密切联系群众，做到广泛听民意、访民情、集民智，不断提高网络执政能力。

在网络普及的时代，各级领导干部要掌握、利用各种新技术、新手段，做好网上群众工作，不做网络“菜鸟”，带头“上线”“触网”，开

设在线聊天室、网络直播室、博客等，使用网言网语，就群众关心的问题进行在线回答，并形成在线处理群众诉求的制度。各级领导干部对待上网切不可“叶公好龙”，只做表面文章，而是要下真功夫，见真成效。熟悉网络，善于运用网络开展网络交流，是信息化条件下做好群众工作的必备素质。①

（二）把互联网建成密切联系群众的有效平台

伴随着 Web2.0 时代的来临，网络平台正在成为沟通党群关系的桥梁。政府要畅通社情民意反映渠道，着力解决群众的困难和问题；要建立健全重大决策听证制度，问政于民、问需于民、问计于民，保障群众的知情权、参与权、表达权和监督权，自觉接受人民群众的舆论监督，推动决策民主化、科学化。

一是要加强网络宣传平台（如门户网站、属地新闻网站、手机报等）建设，主动发声，及时公开信息，强化正面宣传引导；要加强网络发布平台建设，重点抓好门户网站、政务微博等平台建设，在各级重点新闻网站、各级门户网站开展“市民信箱”“百姓呼声”“市民留言”等互动类栏目建设，及时发布信息，回应网民关切。网站是党和政府实现党务政务信息公开、服务社会、方便公众的重要渠道，是保障公民参与权、知情权、监督权的有效方式，更是信息化社会对群众工作提出的客观要求。

二是广泛了解网上社情民意，包括人民群众的利益诉求，对公共政策的态度和看法，对地方建设发展的意见建议、批评投诉等，注意区分网民正常批评建议、正当诉求表达与恶意攻击炒作行为。

三是虚心接纳网络民智，确保决策科学民主。要加强网络问政，大力推动党务政务公开，建立健全群众网上表达的顺畅渠道。各级各部门

① 王敏. 论互联网时代群众工作的创新［J］. 当代世界与社会主义，2014（3）：151.

在出台与人民群众利益密切相关的重大决策前，要提前在门户网站发布公告信息，实时通过网站互动栏目与网友加强沟通，同时采取“在线访谈”“民情直通车”等形式，安排主要负责人就网民关心的热点问题开展集中在线交流，充分吸取群众的智慧，让党委政府的重大决策更加科学民主，真正做到一切依靠群众、一切为了群众。

四是加大信息公开力度，各地各部门要根据政务公开条例相关规定，在日常工作中加大信息网上公开力度，自觉接受网民监督，真正做到民有所需、我有所应，让权力在阳光下运行。①

（三）及时回应人民群众的网络诉求

群众利益无小事。在信息化条件下，互联网成为党维护和实现人民群众利益的新载体。

一是领导干部要自觉走网上群众路线，通过互联网更好地了解群众、贴近群众、关心群众，为群众排忧解难。互联网时代的群众工作不能停留在“你问我答”的信息沟通上，必须高度重视网络反映的问题，要通过现实渠道和工作来加以解决。

二是真正发挥地方论坛“疏导民意的最短路径”的作用。地方性网络论坛正日益成为网民发布信息、发表意见、发泄情绪的重要平台，要将地方论坛分站办到县，积极开展论坛舆论引导，将问题的投诉、回复、解决属地化，真正发挥地方论坛是“疏导民意的最短路径”的作用。②

（四）建立维护群众根本利益的网络长效机制

应该看到，网络仅仅是一种信息工具，要真正落实群众路线，还需要制度上的设置，特别要形成在线处理人民群众诉求的制度。

---

① 王敏. 论互联网时代群众工作的创新［J］. 当代世界与社会主义，2014（3）：152.
② 王敏. 论互联网时代群众工作的创新［J］. 当代世界与社会主义，2014（3）：152.

一是网络群众路线必须常态化、固定化和制度化，建立一整套公开的回复与处理的问责机制，形成制度化办理网民留言的工作机制，让公众与网民进行监督，妥善解决网民反映的各种诉求。

二是办理回复的网民留言主要是指网民在政府网站相关栏目、人民网地方领导留言栏目、属地内重点网站相关栏日及重要栏日中反映自身诉求的留言。同时，适当兼顾中央重点新闻网站、主要商业门户网站和知名社交网站上的相关留言，注意解决网民反映的实际问题。

三是规范“网上受理→网下办理→网上反馈”各环节。要建立健全网上舆情信息收集、研判、报送、处置、引导等工作机制，明确网上投诉的受理、交办、承办、催办、督办的流程，对待网络舆情与民意方面基本可确保做到有办理、有回复、有审阅、有解决。

四是建立严格的考核制度，把能否做好网上群众工作纳入工作考核范围。通过建立考核制度，明确办理责任，充分发挥考核的导向与激励作用。开设专门模块，由网民对政府网络问政进行“绩效”评估。在此基础上，政府部门根据具体考核情况以及网民满意度对各个部门或相关人员进行奖惩，对网络民意回复不到位或问题未落实解决者进行问责，追究到底。

总之，做好互联网群众工作，要确保人民群众反映的问题得到有效解决，确保人民群众贡献的智慧得到有效运用，要把网上群众路线转化为执政的优势，巩固党的执政基础，与时俱进地推进信息化条件下的群众工作，防范网络群体性事件发生。①

---

① 王敏. 论互联网时代群众工作的创新［J］. 当代世界与社会主义，2014（3）：152.

第六章

网络群体性事件的治理对策

网络群体性事件的偶然性、非线性、跳跃式发展，使得传统的危机预警机制效力降低。因此，在使用监测软件，建设网络舆情监测预警体系的同时，应重点建设实时的应急管理决策体系，以便快速反应。应对网络群体性事件需整合横向和纵向管理体系资源的应急管理平台，以便形成合力。网络群体性事件演化的不同阶段呈现不同特点，应考虑针对不同阶段性特征采用相应的措施，遵循一些规律与原则。

第一节　网络群体性事件的治理原则

一、以人为本原则

以人为本原则是指在处理网络群体性事件中，各级政府及其工作人员应该把以人为本、尊重和保障人民的生命财产安全尤其是生命安全、充分体现人文关怀，作为处理网络群体性事件的首要原则。

以人为本原则要求在处理网络群体性事件中，把对人的关怀放在首位，高扬社会公正、司法公正、以人为本、和谐社会的旗帜，争取公众的同情和理解。在网络群体性事件的应对中，有关部门的表态一定要以人为本，尽量用接地气的语言，不打官腔。

以人为本、体现人文关怀对缓解网络群体性事件带来的危机作用巨大。

一是充分关注和重视人民群众的生命财产安全，对情况介绍、问题处理的表述应避免过于程序化，充满人情味的表态能减缓危机，避免危机的升级，在公众心目中建立起一种亲和形象，重建信任。由于中国社会重视人情，没有情感和人情味的表述则往往会引发危机。汶川地震后中央降半旗吊唁，媒体以国旗为庶民而降彰显民本回归为题予以高度评价。①

二是不打官腔。信息发布不能过于突出领导，颂扬成绩，推卸责任，否则会令公众非常反感。江西防汛抗旱指挥部新闻发言人被冠以最牛新闻发言人便是因此触犯众怒。

三是真诚。真诚的态度是化解危机最好的策略。真诚包括诚意、诚恳和诚实。所谓诚意，即及时向公众道歉，说明情意，以赢得谅解。所谓诚恳，即不回避问题，敢于担责。所谓诚实，即不说谎。人们会原谅一个人的错误，但不会原谅一个人说谎。

二、第一时间回应原则

心理学的“首因效应”指出，人际接触的第一印象在人头脑中形成并占据主导作用，“第一印象”也即最先输入的信息对人们以后的认知将产生重要影响，因此“首因效应”也被称之为“第一印象效应”。

网络群体性事件发展过程中，各方言论纷杂，易扰乱视听。而通常“先入为主”的信息往往能左右人们对事件的看法和判断，让人形成既定印象。据舆情应对的经验，政府首次回应的时间及态度对后续事件进

① 老克. 国旗为庶民而降彰显民本回归［N］. 燕赵晚报，2008－05－19（A15）.

程的发展起到先决的作用。政府部门应第一时间回应舆论，抢占舆论话语主动权和主导权，让政府权威声音占据舆论制高点，并最终对网络舆论走势变化构成影响，而非任由网络言论自由发展，致使谣言、虚假信息、各种猜测揣摩占据上风，丧失舆论引导主动权。

具体而言，政府部门第一时间回应舆情，第一时间把事件真相告知公众，有利于事件进程中权威信息发布主动权的把握。第一时间组织力量调查，第一时间召开新闻发布会，必要时可打破八小时上下班时间限制，以确保第一时间告知公众真相，而不是失语沉默，致使政府声音在关键时刻滞后。尤其是重大舆情事件，政府部门必须确保第一时间通报。同时政府部门第一时间回应舆情，也是防止流言蜚语传播，变被动为主动的有效方法。在2009年湖北石首一起非正常死亡事件中，当地政府在事发之后迟迟未予以正式回应，权威官方声音的缺失致使谣言猜忌广泛流传。

2009年6月17日20时许，湖北石首市永隆大酒店内门前发现一具男尸，死者为酒店厨师涂远高，住所留有一份遗书，警方经现场走访、勘察，初步认定为自杀。因对死因质疑，死者家属将尸体停放在酒店大厅，引来众多群众围观。6月19日围观群众设置路障，围观起哄。直到当天晚上，石首市政府才首次在其网站发布消息，通报该事件，称：众多不明真相的群众在该市东岳山和东方大道设置路障，阻碍交通，围观起哄，[1] 现场秩序出现混乱。6月20日凌晨，事态开始恶化。部分围观群众为保护尸体与警察发生冲突，停放尸体的酒店底层遭纵火，少数不法分子借机袭击前来灭火的消防战士和公安民警，造成多名警察受伤，消防车被掀翻砸坏，围观群众达数万人。一网民几天内在嘀咕网实

① 杨艳．因一起命案 湖北石首市发生群众设置路障围观起哄事件［EB/OL］．人民网社会频道，2009－06－20．

时发布200多条事件信息。为防止事态进一步扩大，石首市全城断网，部分地区断电。6月20日，武警部队在相关地点集合，当天夜间至21日凌晨，事件才得以解决。6月21日，网上流传在永隆大酒店下水道发现两具尸体、挖出多块尸骸等多个版本的谣言。6月22日早晨，不少闻讯而来的市民向酒店聚集。6月23日下午，石首市政府新闻发言人向荆楚网介绍，6月22日下午，“6·17”事件现场——石首市永隆大酒店再现尸体纯属谣言，经有关部门证实，并组织部分群众代表进入酒店实地查看，未发现传言中所说尸体或尸骸，围观市民逐渐散去。①6月24日，石首市政府新闻发言人介绍，23日在网上传播“永隆大酒店又挖出尸体”的谣言制造者在荆州市某网吧被查获，经查，造谣者为一在外读书的学生，该学生已承认了造谣事实。

非正常死亡事件往往是舆情关注的焦点，对此政府部门应该保持舆论关注的敏感度，一旦发生此类事件，应当机立断，火速查明真相，给民众妥善交代，即使一时难以厘清事件原委，也应委托发言，扩大政府声音，促使主流媒体报道占据舆论眼球，助力事件处置。

首先，在石首非正常死亡事件中，从17日事发到20日石首市政府发布公开信，约80小时政府失语，且官方的新闻发布语焉不详，警方未能对青年厨师涂远高的非正常死亡给出令家属和公众信服的解释。在当地政府已经错失事件处置的最佳时机之时，更不能以确切调查结果令公众信服，致使政府舆情应对陷入极大被动，并最终酿成更为严重的社会后果，形成多次群众聚集。

其次，相关领导身影、领导表态声音等在第一时间、第一现场的缺失，是致使石首舆情事件应对失败的因素之二。领导干部的表态，既代表官方权威声音，又能展示官方处置事件的决心和态度，而此类声音观

① 石首永隆大酒店再现尸体传言纯属捏造［EB/OL］. 荆州新闻网，2009-06-24.

点的缺失，无疑不利于重大舆情事件的应对。由此可见，在涉及非正常死亡、可能诱发大规模群体聚集等重大舆情事件中，地方领导干部的第一时间的表态对消除公众疑虑、强化官方政府声音起关键作用。

此外，在石首事件中，流言猜忌的广泛传播加剧了事件本身的模糊性，更致使各种非权威的声音及观点占据公众主要视线。舆论对事件真相的回应并不会因为官方的搪塞而停止，延迟回应只能给谣言散播者以可乘之机。

如今，各地政府部门开通政务微博账号，巧用新媒体便捷、迅速等优势第一时间回应各地网络热点事件，此举为网络时代政府回应网络群体性事件的良好举措。总之，政府部门在网络群体性事件应对中应该第一时间回应，迅速表示态度，发布权威官方信息抢占舆论主动权，同时慎说原因，多讲补救措施。

三、信息公开原则

网络时代，网络群体性事件曝光之后转瞬即成为社会热点，有关事件的任何细枝末节的猜测都有可能引发舆情危机，被推至全国舆论的风口浪尖。因此政府部门在舆情应对过程中更应秉承信息公开原则，主动告知公众真相，不遮、不掩、不盖，用事实说话，以取信于民。

信息公开原则要求政府信息公开，告知公众真相，尊重公众的知情权。这既是网络时代的必然发展趋势，也是提高政府的透明度和公信力的良策。同时，也可以避免虚假信息不实新闻蔓延。

新闻传播学理论证明，事件影响力越是重大，越要求信息及时公开。因为重大事件情节复杂且深受舆论关注，未对外界公布的任何细节都有可能为流言传播留下足够空间。且随着 3G、4G 网络技术的发展，信息的传播越发快速便捷，博客、微博等自媒体的崛起促使人人都是记者，个人信息的发布不再需经过严格的审查核实，但却可以借助网络平台迅速传播甚至引起全国舆论关注。此类带有个人猜测色彩的小道消息、虚假信息甚至是恶意发布的诋毁都极有可能影响公众判断力，混淆公众对真相的探知。官方信息的不透明、不公开，更纵容流言越演越烈，引发更大的关于事件本身或当事人的震动。

保证公开透明，告知公众真相，满足公众的知情权，既是政府信息公开的必然趋势，也是防止流言和谣言传播的有效途径。从信息传播角度而言，一味地回避、拖延往往会引发不满，遮遮掩掩迟迟不公布也往往会使民意反弹，导致原本简单的事件酿成大冲突大矛盾。此外，流言止于阳光，透明赢得民心，公开获得民意，政府部门把涉及群众利益官民关系的公众热点事件的真相如实揭示给群众，争取公众的认同与理解，换来的恰恰是享有知情权的民众的理解与支持，得以有效掌控网络舆情，化险为夷。

结合近期发生的网络舆情事件，部分政府部门还存在着信息公开不规范、不全面的问题。更为严重的是，有些政府部门或官员出于自身利益的需要，依然习惯于垄断、封锁信息来应对舆情。在信息公开化逐渐成为社会民众需要并成为当前政府部门的重要工作内容的互联网时代，利用网络快速便捷的优势，建立官方微博和网络发言人机制已经势在必行。

四、实时治理原则

3G、4G 网络技术的出现促使互联网进入高速信息传播时代，且微博、微信等社交媒体的崛起使得任何地方的一件小事均有可能迅速引发大范围的负面网络舆论，进而对地方政府舆情应对形成考验。网络舆情不同于线下舆情，主要以新闻评论、BBS、博客、微博等为主要信息源，无须经过传统媒体的审查把关就可以毫无顾忌地畅所欲言，网民可突破地域限制迅速聚集民意。网络热点事件的传播路径具有较强的扩散性，网民运用各种网络新媒体能即时实现交流传播，瞬间形成大规模网络舆情，同时借由网络媒体门户网站转载传统媒体报道，形成舆论影响力。

3G、4G 时代网络信息传播速度快、覆盖面广、影响深远的特点促使任何封堵媒体报道拒绝回应的行为都于事无补，且一经网络曝光之后定会引起新一轮舆论争议。政府部门应坚持以积极主动的姿态，根据网络群体性事件发展的不同时段，积极主动介入舆情、引导舆情，主动回应往往能够将负面事件变为正面引导。

在“东莞涉黄人员游街事件”中，东莞警方通过官方微博“平安东莞”作出回应，声称已经责令派出所整改，防止类似事件再次发生。随后，东莞警方又在“平安东莞”公布四点整改意见，自我批评态度明显。网络发言人在危机的处理应对中发挥出了网络时代政府发言人的全新特色，从而助力舆情危机的解决。

五、协同治理原则

“治理”不同于“管理”。“管理”是权力机构对网络群体性事件单向采取措施的过程，其基础是传统的权力方式。“治理”是众多利益相关者共同参与的过程，其基础是开放互动的方式。政府、网站、网民都是促进网络群体性事件健康解决的力量，其中网站和网民是基础性力量。“治理”离不开政府的监管和引导。少数网站和网民的“失范”行为和“违法”行为需要强制力予以纠正，其中的“违法”行为必须接受法律制裁，否则整个网络将被少数害群之马破坏。政府的监管也不能简单采取传统手段，必须动员广大网站和网民的参与。①

① 马骏，等. 中国的互联网治理［M］. 北京：中国发展出版社，2011：126.

（一）协同治理需调动互联网各方的积极性

网络群体性事件的治理要调动各方积极性，综合采取法律、行政、行业自律和技术等多种手段、理念和做法，与治理理论相吻合。但是，从治理理论的角度看，在建立整体战略、明确互联网治理各方责任、有机整合和发挥参与各方作用等方面，仍有不少可完善、改进之处。

一是需要制定清晰的网络群体性事件治理战略。治理理论强调多方参与，前提是在建立清晰的战略目标和相互协作机制的总体要求下，实现互联网的有效管理能力与保护互联网发展和创新性的平衡与双赢；个人用户层面如何实现保障个人信息安全和隐私，实现信息交流、共享的平衡与协调；互联网服务企业层面，如何实现社会责任与企业效益的平衡与统一。这是当前中国互联网治理中需要优先思考的问题。互联网治理涉及社会管理的多个层面，单一的互联网行业主管部门难以实现对虚拟社会方方面面的有效监管，传统的社会管理部门面对互联网跨地域、虚拟性和扁平化的特点，缺乏有效的监管手段和监管能力。如何统筹解决这一问题，有效防止互联网治理与社会治理的脱节，需要在互联网治理战略层面有更加清晰的决策。

二是要改进行政监管方式，用政策引导和市场调节机制作为杠杆调动互联网治理参与各方。当前，互联网行政监管中一个较为突出的问题是多采用行政审批、行政许可，开办网站、论坛、电子邮件以及网上新闻、出版、教育、医疗等活动和信息，均需要审批或备案。但是，互联网的虚拟性、跨地域性等特点，又使得行政许可落实难，后续监管有效衔接难。政府行政监管的重点更应当放到事中和事后监管上，应当更多地采取政策引导和市场调节机制来推进互联网治理。例如，出台鼓励互联网服务商、网站向家庭提供拦截有害信息的产品、服务的政策；建立互联网服务单位传播有害信息的不良记录制度和处罚制度，引导、推动互联网服务商提供规范、文明的服务；改进入门槛为退出门槛，减少行政审批，除特定互联网信息服务事项外，变事前审查为事前遵规声明，加大事中监管和事后处罚力度。①

（二）政府内部条块间的协同治理

政府部门应对网络群体性事件是一项系统性工作：从政府内部各部门而言，需各个政府部门协调配合；从网络群体性事件发展规律而言，需监测、预警、应急、应对等系统协调一体，以推动政府网络群体性事件应对工作有序进行；从应对方式而言，需新闻发布会、网络发言人、第三方调查等方法鼎力配合。

政府内部各部门是网络群体性事件应对的主体，其配合程度决定舆情应对的成败。网络舆情应对是网络时代网信部门、党委宣传部门面临的新任务，且涉及政府各个部门，政府部门需与主流新闻媒体建立畅通有效的信息沟通渠道，同时各个部门之间相互落实责任，建立各部门之间的长效配合机制，网信办、指挥中心、网宣、网监部门、法制部门等分工到位，主动配合协调，形成各部门协同配合、运转有序的舆情应对机制，以积极配合网络群体性事件应对工作。

同时，政府部门网络群体性事件应对各环节需统筹规划，舆情监测、预警、应急及应对各个系统亦需要系统回应，将舆情研判、处置、评估等工作落实到位。在舆情监测阶段，对网络舆情进行汇总、登记和总结，在3G、4G网络环境下，BBS、论坛、博客、微博等都是网络舆情监测点，对网络舆情的监测做好系统性部署，准确全面掌握网络群体性事件发展走向、舆论热点、各大媒体关注焦点，及时公布回应影响范围较大、关注度较高的网络群体性事件热点，避免事态范围进一步扩大；在舆情预警阶段，根据网络群体性事件的性质、危害程度、事态范围，将其分为各个预警等级，第一时间向有关部门上报重大网络舆情，

① 钟忠．中国互联网治理问题研究［M］．北京：金城出版社，2010：46－47．

同时掌握权威官方信息发布主导权和话语权；在网络群体性事件应对阶段，调动政府内部各个部门，使之协调配合，同时加大网络宣传力度，有效应对各类舆情信息，提高政府部门舆情引导应对能力。

网络舆情应对方式是贯穿政府网络群体性事件应对始终的技巧。新闻发布会是政府部门网络群体性事件应对的常用方式方法之一。除此之外，网络发言人制度及政府委托的第三方调查也是政府舆情回应中的重要方式。网络发言人制度是网络时代新闻发言人制度的创新举措。在政府舆情应对中，网络发言人时刻关注网上舆情，掌握网上舆论主动权，同时针对网络群体性事件，网络发言人要在第一时间发声，将真实准确的信息传达给公众，澄清事实，解疑释惑，主动引导网络舆论。

政府委托的第三方调查也是网络群体性事件回应中的重要系统，引入第三方调查机构也是政府真正把话语权交给公众的举措。如在云南“躲猫猫”事件中，地方政府纷纷依靠第三方力量，采用第三方调查的方式重新取证，还原事情真相，以此取信于民。

第二节　构建网络群体性事件实时治理的运行机制

网络群体性事件的治理是一项非常复杂和综合性强的系统工程。由于互联网的特殊性质，传统的权威管理模式陷入困境。

这种自上而下的管理模式的基本特点是：互联网相关活动和问题由党委和政府按部门分工负责管理，基本上遵循传统职能延伸到网络空间的原则；相关部门根据本部门的职责制定互联网管理政策，颁布各项管理规定，基本上延续传统业务的管理思路；相关管理手段主要为事前审批和事后处罚两类；在制定和执行政策时，较多考虑本部门目标，不易形成协同治理与合力。一方面政府由于资源有限，面对网络群体性事件时经常扮演救火队的角色，另一方面又由于权限分割导致网络群体性事件九龙治水的局面，故须在治理体制与机制上予以完善。

网络群体性事件的治理体系既涵盖宏观整体管理平台，也包括微观事件的处理机制，治理体系须横向到边，纵向到底，必须强调公共管理机构网络群体性事件管理系统当中参与主体的多元性，最大可能地吸纳各种社会力量、调动各种社会资源共同应对，形成社会整体性的网络群体性事件应对网络与机制。

一、从顶层设计上健全网络群体性事件治理的新体制

以往，我国在网络群体性事件治理体制方面明显存在不足，顶层设计层面的领导、协调机构缺乏，各管理部门高效的协同机制缺乏。随着网络群体性事件安全威胁的日益严峻，有必要对互联网治理体制进行顶层设计的统筹和规划，建立高层级的领导和协调机构，构建一个分工明确、配置合理的权力架构和协同治理结构，以实现对互联网的集中有效治理。

为了理顺互联网管理体制，2010 年，中共中央办公厅和国务院办公厅下发了《关于加强和改进互联网管理工作的意见》（中办发〔2010〕24 号）。根据这一文件，我国的互联网由互联网信息办公室、通信管理部门、公安部门三个部门为主进行管理，网信办主要负责互联网信息内容，通信管理部门主要负责互联网行业发展，公安部门主要负责打击网络违法犯罪工作，既职责明确、权责一致，又相互支持、相互配合。但是，三个部门之中，通信管理部门和公安部门都是强势的经济和执法管理部门，而互联网内容主管部门对接入服务商缺乏必要的监管手段，产业发展与内容管理严重脱节，互联网舆论规模发展严重超出内容主管部门管理能力。

为此，我国急需成立一个跨部门的、高级别的互联网治理机构，整

合各个部门在互联网治理方面的行动。进一步强化互联网信息内容管理部门的权能，防止网络群体性事件失控、失管，成为党和人民之祸。2013 年 11 月 15 日，习近平在关于《中共中央关于全面深化改革若干重大问题的决定》的说明中指出：“从实践看，面对互联网技术和应用的飞速发展，现行管理体制存在明显弊端，主要是多头管理、职能交叉、权责不一、效率不高。同时，随着互联网媒体属性越来越强，网上媒体管理和产业管理远远跟不上形势发展变化。特别是面对传播快、影响大、覆盖广、社会动员能力强的微博、微信等社交网络和即时通信工具用户的快速增长，如何加强网络法制建设和舆论引导，确保网络信息传播秩序和国家安全、社会稳定，已经成为摆在我们面前的现实突出问题。”①

2014 年 2 月 27 日，中国从国家层面实施了互联网的顶层设计，成立了中央网络安全和信息化领导小组，习近平总书记任组长。国家网络治理体系随之发生调整，设立中央网信办作为国家网络空间安全和信息化的统筹协调和办事机构，与相关各部门共同构成国家互联网治理体系。中国开始进入网络治理“新常态”。在中央网络安全和信息化领导小组第一次会议上，习近平同志强调指出，“中央网络安全和信息化领导小组要发挥集中统一领导作用，统筹协调各个领域的网络安全和信息化重大问题，制定实施国家网络安全和信息化发展战略、宏观规划和重大政策，不断增强安全保障能力。”②

中央网信办的设立对规范行使网上信息汇集、网上宣传引导、网络管理执法、网络发展规划、网络应急协同等职能，确保网络群体性事件

① 习近平．关于《中共中央关于全面深化改革若干重大问题的决定》的说明［J］．求是，2013（22）：26.

② 习近平．总体布局统筹各方创新发展 努力把我国建设成为网络强国［N］．人民日报，2014－2－28（1）.

应对中互联网宣传管理的高效运作发挥了极大的作用。要进一步加强网络管理员队伍、网络评论员队伍和互联网宣传管理专家参谋队伍建设，各类队伍常设和预备相结合，关键时刻要能够整体作战，压制有害信息传播，正确引导网上舆论和公众情绪，及时为政府网络管理和宣传提供科学参谋，全面提高网络群体性事件网上应对水平。

二、运用大数据分析建立网络群体性事件的实时预警机制

要做到把网上海量的信息、风起云涌的网络舆情尽收眼底，必须依靠技术手段监测来解决。一套成熟的网络舆情监测分析系统，应该具备以下功能。

（一）网络群体性事件信息的自动采集

现有的信息采集技术主要使用全文搜索引擎，从网上自动采集页面信息，并且向整个网络扩展获取。信息的自动采集能根据用户信息需求，检索设定的热词、关键词，建立起网页数据库，并自动排列顺序，返回结果，完成信息采集任务。

（二）舆情分析

舆情分析功能主要是通过舆情监测系统发现网络群体性事件的迹象，包括：

（1）利用关键词和语义分析，识别敏感话题、热点话题。具体而言，可以根据信息出处的权威度、事件评论的数量、发帖的密集程度等参数进行热门话题识别。

（2）对热点话题、热点观点的倾向性进行统计与分析。

（3）分析新发表文章、帖子的话题，对主题进行跟踪分析。

（4）舆情监测系统对网络群体性事件的各类主题和倾向进行分析，自动形成内容摘要。

（5）分析在不同的时间序列内，某个舆情主题发展趋势，包括网

民的关注度，热词与词频的变化等。

(6) 对网络群体性事件进行跨时间、跨空间的综合分析，获知事件全貌，预测发展趋势。

(7) 及时发现网络群体性事件中涉及网络内容安全的敏感话题并及时预警。

(8) 舆情分析引擎处理后，根据结果生成统计报告，提供决策支持。

(三) 数据整理

对收集的网络信息进行数据整理，根据需要形成格式化信息。

网络舆情监测系统的核心是舆情分析引擎，主要使用文本分类、聚类分析、观点倾向性识别、主题检测与跟踪、自动摘要等计算机文本信息内容识别技术，监测系统的难点在于如何做倾向性的解读和统计。保证该系统有效发挥作用，一是要有一定的数据采集量。系统的采集范围包括网站、论坛、博客和新闻跟帖等的自动抓取和归类。二是要有从事网络舆情监测分析的专业人员。这些人员需要具备舆论传播学、社会学、政治学、公共管理的相关知识，并有一定的网络知识和实践经验。三是要建立系统应用的正反馈机制，即建立系统信息分析预警、报送和评价反馈制度。①

及时的网络舆情收集，是网络群体性事件中赢得舆论引导先机的基本前提。要建立制度、配备力量，把对网络群体性事件网上舆情信息的收集纳入政府常规工作范畴，形成网络群体性事件网上及时预警机制；要建立平台、提高水平，加强对网上舆情信息的筛选分析力度，形成网络群体性事件网上舆情科学研判机制。要通过健全网上舆情收集机制，第一时间掌握可能破坏社会和谐稳定的网络群体性事件信息，为政府及

① 钟忠. 中国互联网治理问题研究 [M]. 北京：金城出版社，2010：68 -69.

时正确应对处置创造条件，为做好网络群体性事件舆论引导赢得先机。

三、构建网络群体性事件的舆情研判机制

3G、4G 的发展带来了网络信息的大爆炸，面对如此海量的信息，建立一套健全有效的舆情研判机制就显得必要而紧迫。

所谓网络舆情的研判机制，是一套针对网络群体性事件及其所引发的网络舆论所给出的一种定性与定量的价值和趋向判断体系。网络舆情的研判工作是一项系统工程，主要包含三方面的工作：其一，对重点网站保持常规性与持续性的 24 小时监测，及时发现问题的苗头；其二，建立历年的舆情案例库，根据每个舆情案例的发生背景及发展特点等将其逐个分类，总结概括各类网络群体性事件的特点及应对的经验教训，提高舆情研判能力；其三，建立专业化的舆情研究小组，专门负责监测网络舆情，挖掘网络舆情规律，为有关部门的网络舆情应对提供“智囊团”服务。

网络群体性事件是社会现实在互联网空间的映射，已成为网民利益表达的重要渠道，而互联网也是政府治国理政、了解社情民意的新平台。目前，网络舆情的信息来源广泛，新浪、搜狐、腾讯与网易四大门户网站，新华网、人民网、百度以及全国各地、各个行业的重点新闻网站、论坛、博客等，都为舆论的生成与传播扩散提供了便捷的网络载体。

3G、4G 时代，网络舆情监测应该作为网络群体性事件常规化的工作内容被提上工作议程，时刻关注网络热点事件及其延续性进展。面对汹涌而来的网络舆情信息，首先舆情研判人员应该学会占有海量信息，在掌握足够资料的基础上，对网络舆情走向作出理性而科学的研判。

从信息获取层面来看，网络舆情监测离不开及时有效的信息搜集和信息处理，研判人员必须 24 小时实时监控和搜集各大网站及重点网站

的舆论信息，在舆情事件的发展过程中，研判人员还需要根据舆情事件的多重特征开展有针对性的监测工作，以最快的速度获得更有效的信息。如果没有对网络舆论的密切关注和时刻把握，政府部门很难及时了解存在于广大民众之间的不满情绪。网络舆情监测在该事件中具有“警报器”的功能，能够实时提醒相关政府部门关注和解决网络群体性事件。

从技术层面来看，人工是无法完成24小时舆情监测的，因此，只能借助于一套优秀的网络舆情监测软件。当然，软件本身并不能解决所有问题，在软件搜集到的海量数据基础上，还需要舆情研判人员根据累积的强大的案例数据库以及舆情研判经验，从纷杂的舆情中准确定位重点舆情、危机舆情，完成网络群体性事件监测的核心目的。

从信息筛选层面来看，在掌握充足信息之后，由于信息来源广泛而复杂，舆情研判人员必须从海量的信息中分辨新闻真伪，区分网民发自内心的真实民意和恶意为之的网络谣言，剔除虚假舆情，排除其对真实舆情的干扰。在网络谣言纷飞的“湖北石首事件”中，推动当地群体性事件发展的主要动力便是网络谣言。中国传媒大学网络舆情（口碑）研究所（IRI）的监测数据显示：在事件发生的2009年6月17日到7月12日期间，网络上关于石首事件的媒体报道共有1774篇，回帖多达23万篇。此外，还出现了博客文章284篇，共获得超过12万人次的浏览量和近4000篇回帖。另有论坛主帖404篇，共获得55万人次的浏览量和近5万篇回帖。① 各种流言在网络上疯狂流传，致使大批群众来到事发地点聚集甚至与警方对抗，造成群体性事件。

因此，网络群体性事件中网络舆情监测不仅需要作为一项日常工作

① 丁俊杰，张树庭．网络舆情及突发公共事件危机管理经典案例［M］．北京：中共中央党校出版社，2010：165.

不间断地进行，研判人员同时也需要随时随地掌握网络舆论，要对搜集到的网络信息进行分析与判断，挖掘其潜在价值，预测网络群体性事件未来可能的分布及舆论走势。

网络舆情的研判工作是一个高度提炼的逻辑思维过程，是对巨量信息的汇总、分析以及对有效信息的再创造，并从中分析获得精准的研判结论。随着3G、4G技术的发展，新媒体日新月异，对网民社会生活的影响更加复杂深刻，加之我国正处在改革关键期和矛盾突发期，诸种问题叠加积聚，重大网络群体性事件不断显现。

在舆情研判小组的组建过程中，部门领导应注重吸纳高水平的网络理论人才和管理人才，高素质的网络评论人才，掌握尖端网络信息技术的专业人才，形成专业化的团队。在思想上，务必让舆情研判人员保持高度的政治敏锐性，树立强烈的责任感，清醒地认识到开展网络舆情研判工作的必要性和重要性。在专业技能上，要熟悉社会思潮和各种文化现象，对社会热点难点问题以及网上存在的一些倾向性问题开展针对性分析，给予研究人员充足的时间进行深刻细致的研究，准确把握当前媒体网络舆情的各种热点焦点问题，切实做好舆情研判工作。

四、完善网络群体性事件的实时处置机制

主要是进一步建立健全重大网络群体件事件的网上应急预案，建立健全以党委牵头、各职能部门密切配合的网上应对协调机制，提高各级各部门应对重大突发舆情网上协同作战的能力和水平。要完善科学合理、运作有效的流程化舆情处置机制。一旦发生网络群体性事件，迅速启动应急预案，第一时间介入，抢占新闻的第一落点，准确发布信息，获得先机，充分掌握事件处置的主动权。同时以主流网站为依托，引导互联网舆论空间，重视传统媒体和网络媒体的联动，形成舆论引导的合力效力。

在传统媒体时代，政府的舆论应急机制缺少具体的操作性，也没有形成协同的应急机制，而借以展开舆论应对的平台也多数是官方网络或是地方性的平面媒体。由于传统媒体时代的信息传播速度和广度都远远低于网络时代，平面媒体的传播广度有限，受众覆盖面往往局限于一方，舆情传播范围比较狭窄，舆情事件扩散到全国各地需要较长的时间，而在传播的过程中也可能发生中断使事件不了了之。因此，政府部门通过官方网站或是地方性的平面媒体进行解释和澄清有可能会较好地化解舆情危机。

在网络时代，新媒体的高速传播对政府开展积极有效的舆论应对提出了极高的要求，成为政府舆论应对的一大严峻考验。充分挖掘网络媒体的独特性，发挥网络媒体与民众沟通的快速便捷优势，建立高效的舆论应急机制，成为政府舆论应对的重要工作，而全国各地不时爆发的网络群体性事件也在提醒政府部门急需补课，提高自身的舆情危机应对能力。

3G、4G 技术的迅猛发展进一步丰富了网络媒体的多样性，为政府部门的舆论应对增加了全新的媒体形式。综合来看，目前政府部门可以加以利用的媒体形式涵盖了新闻媒体、论坛、官方微博、视频网站和官方博客。其中，前三类媒体的利用范围广泛并且相当有效。

关于新闻媒体和论坛，除却政府部门惯用的官方网站及地方性平面媒体，中央级政府网站比如新华网和人民网，地方性权威新闻网站以及地方性论坛也应引起政府部门的高度重视和警惕。以湖南本省为例，湖南省政府门户网站以及其下各县市的政府网站自然是当地政府应该重用的政府类网站，此外，湖南当地相当有影响力的重点新闻网站红网、湖南日报报业集团主办的华声在线也是政府发布官方回应，针对网络留言进行辟谣的重要阵地。而红网及华声在线下设的红网论坛、华声论坛更是湖南当地民众了解舆情资讯、讨论热烈积极的媒介平台。

在遭遇网络群体性事件之时，政府部门首先应当保持信息的公开畅通，权威信息的缺失会给小道消息和谣言的广泛传播提供机会。因此，当网络群体性事件爆发时，政府部门要第一时间启动应急机制，增强舆论引导力，在政府门户网站上发布官方声明，如果舆情波及范围蔓延至全国，还应在新华网、人民网等国家级重点网站上发布官方回应，用正确思想和事实真相占领舆论制高点，同时利用网络媒体信息发布和传播的便捷和高速的特性，政府部门还可在及时报道、同步报道、滚动报道、连续报道上下功夫，整合不同媒体声音，制作网络专题等，用大量的事实消除舆论的诸多疑惑并告知真相。

以汶川地震为例，政府网站在地震发生后20多分钟便发布有关震情。此后，网络、手机短信、平面媒体、电视等全媒体、全覆盖、全时段不间断滚动直播灾情，最大限度地满足了公众的知情权。其间，及时对外界的质疑进行积极回应，政府的权威声音将真相传递至公众，消解了民众心中的疑惑，阻止了谣言在互联网上的迅速膨胀。

再以谷歌欲退出中国市场为例。2010年1月13日，搜索引擎巨头谷歌在其官方网站上发布博文，称由于遭受了来自中国大陆的重大网络袭击，谷歌将停止过滤搜索结果。这意味着谷歌将有可能退出中国市场。从硅谷到中关村，谷歌可能退出中国市场的公告引起了大量的讨论，其中有事实，有猜测，有误解，有谣言。事发第二日，中国外交部发言人姜瑜迅速作出回应，称“中国的互联网是开放的，中国政府鼓励互联网的发展”。姜瑜同时强调，“中国法律禁止任何形式的黑客攻击行为，有关互联网管理措施符合国际通行做法。中国欢迎国际互联网企业在中国依法开展业务”①。政府的及时回应，在某种程度上遏制了

① 外交部回应谷歌言退事件［EB/OL］. 光明网，2010-01-15；王慧慧，荣燕. 中国禁止黑客行为［EB/OL］. 新华每日电讯，2010-1-15（2）.

误解和谣言的传播。

与此同时，传统媒体由于其长期发展在民众心中树立的媒体公信力和权威性也是政府部门需要最大程度争取的媒体资源，获得它们的支持对于化解庞大的网络舆论带来的巨大舆论压力也是相当有益的，可以为相关部门解决实际问题争取宝贵的时间。

在备战舆论战回应网络谣言及消解民众非理性情绪的同时，政府内部的舆情应对人员还应抓好论坛这一较为普及的舆论阵地，在论坛中广泛发布论坛主帖，介绍事件的来龙去脉，告知网民真相；或者在高关注度的论坛帖子后追加评论，在与其他网友的互动讨论当中，让民众了解真相。利用论坛开展舆论战的重点便是互动和沟通，在一次又一次的讨论中，不断为广大网民答疑解惑。

官方微博是政府开展舆论应对的又一利器，越来越多的官方机构或是官员利用微博澄清网络谣言、公布事件调查真相。在 2010 年 8 月方舟子遇袭案中，北京警方通过“平安北京”官方微博向广大网民直播案情的发展过程，并在微博上宣布方舟子遇袭案告破。这一举措迈出了警民网络互动的成功一步，北京警方破案之高效率、直面网民之诚意也受到网民的好评。

对于视频网站和官方博客的利用，可以作为新闻媒体、微博以及论坛以外的有益补充。政府部门可以将新闻发布会等视频内容上传至优酷网、土豆网、酷 6 网等网民经常登录的视频网站，也可将事件调查真相等信息发布至官方博客上。总体而言，整合多类型的媒体资源，打好舆论应对组合拳，在舆情事件发生之后快速启动舆情应急机制，有条不紊地开展舆论引导工作成为政府部门舆论应对的重要部分。

五、建立网络群体性事件的即时评估机制

网络群体性事件应对工作是 3G、4G 互联网发展大形势下催生的全

新工作，面对不断发生的突发事件，舆情应对的效果评估及舆情应对过程中的经验教训总结，与舆情应对工作一样具有重要的意义。

网络群体性事件应对效果评估可以从新闻网站、微博、博客、论坛以及视频网站五大媒体的网民关注度及网民态度着手，并结合 SNS 及 QQ、MSN 圈群，获得网民关于热点事件的舆情热度及态度。整个网络群体性事件应对效果评估体系可以基于网络舆情指数体系展开，将新闻宣传内容的网络传播解构为网络关注度、网络评价度两个一级指标。并通过对新闻、论坛、博客、视频等载体大量数据的调研，将一级指标进行科学细分，设置二级指标、原生指标、衍生指标，逐步实现新闻宣传效果评估的可操作化和可实施化。

通过对各种指标变量的交互分析，可以从两方面评估信息传播效果：其一，新闻发布机构所发布新闻的网络传播能力，主要从新闻的议题传播能力、自主传播率、传播渠道、媒体评价度、网民评价度等方面进行综合评估；其二，各种平面、网络媒体对相关政府或企业主体的自主报道与评价，主要从信源结构、话题结构、话题转载等角度进行综合评估。

在网络群体性事件应对当中扮演重要角色的网络发言人，在进行网络信息发布或开展网帖回复处理后，也应主动统计分析网民的反馈进行效果评价，增强工作的针对性。

此外，政府部门应该注意寻求并总结网络群体性事件应对的规律和技巧，尤其是对重大舆情事件的发展态势应有足够的认识，并定期组织主要领导干部学习，总结经验、探索规律，提高政府部门舆论应对决策的科学性。

领导干部是网络群体性事件应对工作的重要主体，其媒介素质和能力直接决定了网络群体性事件的处置效果。故必须培训先行，积极开展领导干部网络群体性事件处置的培训工作，增强干部舆情意识，提升舆情事件处置能力。

第三节 网络群体性事件的应对技巧与策略

网络群体性事件的应对是各级领导干部进行危机传播管理、危机沟通管理的必备学问与技能。领导干部对不同类型的网络群体性事件，网络群体性事件的不同发展阶段应采取相应的有效策略。

一、第一时间发布信息，赢得话语权

关注度和敏感度高的网络群体性事件发生后，政府要尽快在第一时间发布信息，掌握事件的话语权、主动权和主导权。第一时间发声能控制危机传播的源头。总结近年各地应对的经验主要有三条："速报事实，慎报原因，多讲措施"。

有人质疑网络群体性事件发生后，情况不明，信息不完整，如果第一时间进行新闻发布或发表声明很容易说错话或容易提供错误的信息，具有很大难度和风险，是否应该等到非常清楚后再进行新闻发布或对外表态？

答案是否定的。因为媒体的现状和新闻规律要求政府部门困难再大也应迅速作出反应。否则，如果政府部门等一切都调查清楚后再面对媒体和公众，就已经谣言满天飞了，政府部门在舆论上就被动了。这么做就等于把组织在公众中的形象放手交给了猜测和谣言。

在网络群体性事件发生后的第一时间政府必须作出反应，原因有三。

一是要填补信息真空。事件发生后，媒体和网民迫切需要了解事件的真相和信息，如果没有官方权威信息的发布，各种猜测和谣言将填补

信息真空。

二是第一时间对网络群体性事件进行定性，即给事件抢先贴上有利的标签，定义新闻，防止网民与媒体任意诠释或贴标签，放大事件的影响。

三是我们之所以强调在第一时间定义新闻，这是因为人类心理中的首因效应，造成最先定义事件的信息对人们评价事件的影响最大，一旦没有第一时间发声，事后要扭转负面看法难度极大。

网络群体性事件发生后，政府要尽快在第一时间主动发布信息，赢得话语权。因为信息发布是网络群体性事件应对的关键，也是舆情引导的基础。政府通过信息发布，既要让公众获悉网络群体性事件的事态发展，又要让公众了解事件处置的种种努力。官方微博是政府第一时间发布信息的首选，政府新闻网、新闻发布会、在线访谈等形式都可运用，只有开始发布、滚动发布才能防止猜测性和歪曲性报道横行。近年来各地网络群体性事件的应对经验可总结为“速报事实，慎报原因，多讲措施”。事件发生后，不要急于定调。只有调查清楚之后，才能确定事件性质。在原因没有搞清楚之前，可以先讲掌握的事实与情况，向公众展现一种“积极处理此事，给公众合理交代”的态度。①

网络新媒体冲击下，紧抓“黄金 24 小时”这一传统的官方处置突发事件的做法已经显示出其不足与缺陷。网络时代，新媒体的飞速发展使信息传播周期大为缩短。且在网络新媒体传播过程中，无须经过传统媒体层层审批的把关环节，网民面前人人都有“麦克风”，人人都可能成为信息的生产者和接收者，信息的分享者与传播者。因此在网络群体性事件发生后的所谓黄金 4 小时甚至 2 小时内，就有可能传播、发酵成为有重大影响的公共事件。在黄金时间内保持沉默，将丧失舆论引导的

① 王敏．领导干部有效应对网络群体性事件的策略［J］．领导之友，2012（4）：64.

话语权与主动权，在后续应对中陷于被动。尤其是富有爆炸性、争议性及涉官涉富的微博信息，一经发布马上便会引发高度关注，经过网民转发及传统媒体报道，便可迅速形成网络热点，继而成为网络舆情关注焦点。而且网络舆情混杂着强烈的情绪色彩，其中更有别有用心者乘机制造谣言，推波助澜，使得本不复杂的一起地方性事件扩展成受全国舆论关注的热点舆情事件。如“湖北石首事件”中，谣言的肆意扩散为事件的发展增添诸多波澜。针对此种情形，政府部门在舆论应对中，必须紧抓“黄金2小时”，时刻注意网络时代信息传播“秒时代”的概念，分秒必争，建立民意疏导最短路径，在网络热点形成的4小时之内，迅速表态发言，向网民传达政府部门对事件的重视，掌握舆论主导权，及时告知舆论阶段性调查结果，稳定网民情绪，避免事态扩大及事实的扭曲。

尤为注意的是，政府部门紧抓“黄金时间”，第一时间发布权威信息告知群众，第一时间处理问题并不等同于把民众的投诉、意见等问题解决后再汇报成果，而是政府要在“第一时间”摆出实干的姿态，告诉民众政府正在全力以赴处理该事件，力争做到“速报事实”，先稳定民心，紧接着深入开展调查，告知公众真相。网民关于事件的观念意见一旦形成，就很难改变，及时发布消息，先发制人，不仅可以抢占舆论主动权，而且也体现出政府本身对政府信息公开以及政府工作透明化做出的努力。例如，在“2009年成都公交燃烧事件”中，官方在事件发生后4小时内发布权威信息，减少了公众不必要的猜测，及时准确、措施得当、运转高效的应急方案成为这起事件处理中的亮点。

2009年6月5日早晨8点半左右，四川成都9路公交车起火燃烧，造成27人死亡、74人受伤。由于当时正值上班高峰期，事发现场聚集了大量民众。当天上午10时40分，事件发生2小时左右，成都市政府就在事故地点不远处召开了第一次新闻发布会。紧接着下午和晚上11

时 50 分召开第二次、第三次新闻发布会，公布现场救治情况和事件调查进展。回应了网民的公交车爆炸说、自燃说、没有安全锤等质疑，第一时间公布事件真相，避免市民形成恐慌情绪，与公众形成了良好沟通局面。新闻发布会上，成都市以“组织最好的医生、最好的设备、最好的药品，尽最大努力对伤员进行救治”为口号，表明了政府对事件的高度重视，第一时间给媒体和公众以信心。

网络群体性事件发生之后，政府部门在黄金时间之内迅速回应，发布权威信息公布事件真相，能够有效避免虚假信息传播，在稳定民心的同时满足民众知情权。相对应地，政府部门的失语沉默及回应滞后的表现，难免给谣言和虚假信息提供传播空间，造成不必要的损失。

网络热点事件发生之后，各级政府部门能否在第一时间进行回应，在事件发生后的“黄金 2 小时”内告知公众事件真相，与公众形成良性沟通和互动氛围是政府部门在网络时代所面临的新考验。

在事件发生后的“黄金 2 小时”内所发布的信息，重在稳定群众情绪，抢占舆论引导主动权，并不是第一时间调查清楚事件全过程。然而，进入网络时代，网民对于事实真相的渴求度远远高于传统媒体统治信息的时代，网民对政府工作透明度的要求也达到了新高度。这就要求政府部门在“黄金 2 小时”之内及时回应之后，更需在“黄金 2 小时”之后主动不间断地告知公众官方的调查措施、事件的最新进展等权威信息，在政策规定可公开范围内最大限度地将问题、建议、事件的处理过程向公众公布，畅通官民沟通渠道，把握舆论走向，以消弭热点事件、化解问题。

尤其是在微博等新媒体成为政府部门网络问政新渠道之后，各级领导干部更需积极主动，利用微博及时快速的特性，及时回应公众的质疑和猜测，及时还原事实真相，抢占舆论制高点，让网络民意回归平静，从容化解各种矛盾分歧。

二、真诚应对，以重建网民的信任

网络群体性事件发生后，重建信任、赢得谅解十分重要。领导干部或新闻发言人对事件处理首先应讲究人文关怀，对公众生命财产安全关注、关心，用充满情感和人情味的表述缓和气氛，及时道歉，建立起一种亲民形象。应对网络群体性事件须真诚，以人为本，充分尊重人、关心人、爱护人，以赢得各方信任和谅解，缓解网民的不满。

真诚是避免和化解网络群体性事件危机的重要策略。在网络群体性事件处置中，有诚意的政府会及时向公众说明情况，必要时致以歉意，以赢得同情和理解，并承诺对事件影响的群众给予相应的物质补助和精神补偿，对事件责任人尽快追究责任，及时公布处理结果。一个态度诚恳的政府能够正确面对现实，及时回应谣言，敢于承担应有的责任，不会回避问题和错误。实践证明，在问题和错误面前，狡辩和遮掩于事无补，反而会加深负面形象，引起公众反感。诚实的政府不会说谎，不会发布虚假信息。实践证明，在事件处置中，哪怕是一条善意的谎言，也会对政府公信力造成致命打击，甚至会动摇支撑政府威信的群众基础。①

真诚的态度是化解危机最好的策略，亲和的形象能够缓解危机，充满情感和人情味的表述能重建信任。

政府部门是官方形象的代表，代表官方发言，语言表达多以书面语为主，同时一些政府部门习惯采用政策性、规定性的语言回复民众的投诉和质疑，回复内容存在官话、套话，不够生活化、不够贴近民众的语言，往往会导致官方回复遭受质疑。同时处于强势的政府机构以及政府官员易让网民产生刻板印象，进而妨碍与网民的进一步沟通。政府机构

---

① 曾胜泉．突发事件舆情应对指南［M］．广州：南方日报出版社，2012：127－130.

在与网民沟通、答复网民疑问的过程中需要改变自身惯用的语言习惯，善于运用网络语言，拉近与网民的距离，改变网民对政府部门及政府官员的刻板印象。

一方面，在互联网空间，网民期待对等的沟通，政府部门应学会如何调适自身心理，学会与网民沟通，不摆官架子、不打官腔，以网民更易接受的方式“说话”。另一方面，官方话语风格的转变尤需把握一个“度”，转变“官味”套话式的官方答复，并不意味着必须全篇尽是诙谐幽默，需在解决实际问题之间做好权衡。在提供实际解答与回复基础之上，以网民更容易接受的语言表达风格表述。话语风格的转变需应用至政府部门舆论应对各环节，涵盖网络新闻发言人、官方新闻发布会及媒体采访中的话语等，尤其是作用日益凸显的政府微博。

进入网络时代，政府微博在舆论应对中的作用举足轻重。

首先，增加网络流行语及官民共享式词语，适应网民语言表达风格。对网络流行词语的使用是网民的重要特征，在政府微博中加入此类词语，一方面可以改善民众对政府语言“官腔”“官味”的刻板印象，另一方面，也折射出政府机构对网络新鲜事物的关注，即时刻关注网民新动态。此外，由于政府部门代表官方权威，其形象往往带有高高在上、深不可测的色彩，而媒体对民众的弱势形象的报道较为集中且加入了大量感情渲染的元素，因此在政府微博中可适当加入“分享”“陪伴”“一起”“共”等网民共享式词语，体现出政府机构对于网民的关注及情感认同。

其次，网民是有智慧的群体，在政府微博中可适当采用开放式问题，多向网民采纳意见。设置此类开放式的问题，一方面反映政府部门放低姿态，积极采纳民意，将网友的意见关注点作为改进自身工作的基准点，将网友的优秀意见与政府实际工作的开展相结合；另一方面，也符合政府部门开通微博的初衷，即希望通过微博实现与网民及媒体的良性沟通互动，以此解决实际问题，体现出政府部门在应对网络群体性事件中对民意的看重。实际上，当政府部门肯放下身段放低姿态向公众请教之时，热情的网民往往能提供众多有参考价值的意见，在政府微博中不乏此类案例。

最后，作为政府微博中重要组成部门的公安微博，公共安全知识、典型警方案例以及日常防贼防火的小常识是微博中不可缺少的部分，但过于枯燥的大段文字的陈述，往往难以吸引网友的注意，达不到宣传效果。可适当设置“自问自答式”的问题，标题突出，吸引网民注意力。此外，可以通过转发其他公安微博中的有效信息，再设置相关的问题，丰富本身微博的信息内容。

三、统一归口避免多头传播

网络群体性事件发生后，各部门表态无序，为推卸责任往往各说各话，互相指责，这种混乱和矛盾可能会引发新的危机。

为了避免出现这种乱象，应做到：

（一）用一个声音说话，由新闻发言人或指定的人员统一对外表态，确保对外沟通渠道的统一性，其他人员不能擅自表态。

（二）发布信息和回应媒体时，应认真准备甚至演练，避免仓促上场。

（三）如主要领导需要表态，也应按照统一的口径表态。

（四）必要时组织内部应开会说明情况，统一认识。

网络群体性事件发生后，政府部门需组织动员政府内部及社会各界力量，迅速核清事实，明确事件发生背景、原因及全过程，第一时间召开新闻发布会发布信息，说明事实，不断跟进新闻发布，抢占舆论引导先机优势。切忌在事件尚未完全核实、事件发生原因及过程尚未完全明确的背景下，盲目抢先回应。

在政府部门舆论回应过程中，更需要注意把握各部门统一对外口径的技巧，在迅速核清事实的前提下，统一发布事件真相。尤其是政府内部各部门，需紧密联系、信息互通。在网络群体性事件发生后，网信办应该及时与各个相关部门联系，可以设定专门的网络发言人，对外只发出一个声音，避免内部应对无序以及内部口径不一的情形出现，影响政府部门形象。尤其是在面对新闻媒体采访时，更应设定专门的新闻发言人，对外统一表态，防止其他人员在媒体采访中乱表态、乱回应的现象发生。

“统一对外发布口径”的根本目的在于减少政府内部的各种无序混乱声音，以维护政府形象。但在舆论应对过程中，个别政府部门及相关领导干部以“口径统一”为借口，拒绝回应事件，遮盖事件真相，此举是对“统一口径”的滥用错用，因此需要谨防滥用“统一口径”，以“统一口径”掩饰遮掩事件真相的现象发生。

在“山西疫苗事件”中，“统一口径”成为地方政府遮掩事实真相的借口。山西省卫生厅从疾控中心及医院抽调骨干，组成专家调查组，准备调查疫苗事件涉及的 15 名儿童病例。一临时负责人表示，专家组的工作要“统一思想，统一口径，对媒体不要根据自己的判断和有限的资料来做主观判断，一切研究鉴定结果要由专家组统一对外发布。如果要讲，对媒体、领导、同事和家人都要统一口径，以免引起又一轮麻烦”①。

对于山西地方政府此举，媒体抨击称：“在调查组的公信力降低到几乎为零的情况下，媒体及公众往往会退而求其次，把获知真相的希望放在个别调查组成员的个人判断上，然而一旦调查组成员被要求‘统一口径’了，公众获取真相的唯一渠道也被堵上了。如此，有关方面

① 受害家长联名要求揪出幕后黑手［N］. 钱江晚报，2010－3－24（A15）.

的‘麻烦’也许没有了，而公众的‘麻烦’会不会增加了？”①

因此“统一口径”之举，妥善应用能够避免信息发布混乱，减少各种无序、矛盾的声音，但滥用错用，甚至以“统一口径”为借口，拒绝接受媒体采访，拒绝向公众透露事实，以遮掩事件真相，则会更加遭受舆论抨击，不利于政府部门形象维护。

总而言之，政府部门在舆论应对中，迅速回应是原则，核清事实是前提，统一对外发布口径是贯穿始终的技巧所在。话语权决定主动权，只有迅速回应才能抢占舆论应对话语权主动权；准确回应是关键，只有核查清楚事件发生原因及过程，才能确保回应准确严谨；统一口径是技巧，只有设定专门网络发言人统一回应，同时政府内部各部门及相关领导干部对外回应口径一致，才能避免事件应对过程中各种矛盾无序声音的蔓延。

四、通过设置议程有效牵引舆论关注的焦点和方向

领导干部掌握着丰富的信息源，在新闻议程设置上具有独特的有利条件。当一个可能引发公众和媒体关注的网络群体性事件发生后，要敏锐地捕捉到相关信息，根据形势的需要主动设置新闻议程，使事件的相关信息成为公众眼中的“头条”，使有关部门的应对措施“设置”成为公众关注的焦点，引导事件朝着最有利的方向发展。②

应对网络群体性事件时，要有效引导舆论，有效牵引舆论关注的焦点和方向，使政府的议程成为媒体的议程、网民的议程，削减负面舆论的能量。具体而言，可以采用三种战术，即：媒体议程的引导、议题的回避和议程的制造。

---

① “统一口径”要避免什么“麻烦”？[EB/OL]. 腾讯网，2012-03-25.

② 叶皓. 迎接媒体事件时代的到来 [J]. 南京社会科学，2008 (10)：80.

（一）议程设置中的“引导术”

在网络群体性事件中，公众多关注事件的真相，担心利益是否受到直接或者间接损害。因此，要顺应其心理，主动告知真相，讲述责任，多宣传缓解或解决事件的具体措施，以转移公众的视线和注意力。

（二）议程设置中的“隐身术”

网络群体性事件中，使用议程设置回避策略要减少危机议题的范围，不能任由记者把议题无限延伸；要设置软性议程，有意回避硬性议程，以改变关注方向。

（三）议程设置中的“制造术”

（1）用权威制造议程。如“甬温线动车事故”发生后，时任国务院总理的温家宝同志冒着酷暑，带病前往事故现场，会见记者，有效地降低了网络舆情的强度。

（2）用行动和补救措施来制造议程。这种方式表明你积极回应了事件，同时也容易引起媒介的关注和报道，可以有效地引导舆论关注的焦点。

（3）用公益或慈善事业制造媒介事件。这样不仅巧妙地化解了危机，还博得了好名声。

互联网时代，不作为的“沉默是金”是于事无补的，强硬对抗的“大打出手”是损己不利人的。

五、讲究传播技巧，消解流言的危害

（一）信息发布应讲究技巧

在应对网络群体性事件的过程中，信息发布应讲究技巧，详略得当，具有针对性。不要对流言进行简单否定，而要提供更多的细节和证据，在需要证据证实的一些关键环节，应尽可能详细、充分，做到

"有理有据"；而在一些无关大局的环节，则应该简略带过，防止出现"噪音"干扰，给公众以无限的想象空间。"瓮安事件"第一次新闻发布会上，相关负责人只是对谣言进行否认，却没有提供更多细节和证据，无法让人信服；而在叙说事件经过时，却把刘某在桥上做俯卧撑的细节加以披露，结果"噪声"干扰了"主音"，"俯卧撑"一词走红网络，成为年度流行语。当事人是事件的亲历者，是最权威的"证人"。当流言无法澄清时，当公众不相信你的说法时，请想到当事人，让他们出来现身说法，往往能起到事半功倍的作用。①

（二）借助权威第三方力量

当话语不被信任时，当谈判陷入僵局时，可以请权威的、中立的第三方（专家或者机构）作证，还可以请与当事人关系较好的"中间人"牵线搭桥。有关部门要特别注意意见领袖的价值，培养一批政治素质高、说理能力强的网友充当舆论领袖积极参与讨论、互动交流、发表网络时评，进行舆论引导。② 实践证明，第三方的威信越大，信源的可信度越高，说服效果就越好；第三方发声规模越大，声势越大，影响也越大。

如今网络舆情事件层出不穷，一旦某一个舆论热点爆发，在一段时间内都将成为人们茶余饭后的话题。直到新的舆论热点爆发，人们对目前的舆论热点关注才会呈现下滑趋势，并最终实现大范围转移。政府部门在舆情危机应对过程中，一方面要全力解决危机事件本身，另一方面也要突出关注网络舆论引导，以期从源头上打破网络谣言并化解舆论危机。

（三）运用新的议题转移网民的注意力

在不断化解民意误解以及事件本身的同时，政府部门还应采取主动

① 王敏. 领导干部有效应对网络群体性事件的策略［J］. 领导之友，2012（4）：64.

② 王敏. 领导干部有效应对网络群体性事件的策略［J］. 领导之友，2012（4）：64.

出击的策略，发布与当地民众密切相关的正面新闻或是其他能够成功转移大量网民注意力的信息，以此冲淡网络舆情负面情绪，减少网民对危机事件的关注度，让当下的舆情危机事件渐渐淡出网民视野。在打响舆情主动仗中，政府部门应当着力于寻找媒体与网民感兴趣的议题，主动凸显目标议程，同时，坚持正面引导唱响主旋律，最终把握舆论主导权。

以 2010 年上海“11·15”特大火灾事故舆情应对为例，上海市及主流媒体通过发布吸引网民与媒体注意力的相关信息有效地引导了网民对该事件的关注。

2010 年 11 月 15 日 14 点 30 分左右，上海市静安区余姚路胶州路一栋 28 层的教师公寓大楼着火。事故发生前，这栋大楼正在进行外墙保暖材料的安装。火灾发生时楼内有 280 多名居民，大火起火点为第 10～12层，火势很快蔓延将整栋大楼烧着。火灾发生不久，腾讯网、搜狐网、新华网、新浪网等各大门户网站均发布了大火的消息。“11·15”特大火灾发生后，媒体、网民围绕事故持续讨论，网络舆情不断升温。这场大火造成 58 人死亡，70 人重伤，56 人失踪。由于大火发生前一周的 11 月 9 日，上海消防举行了 10 年以来规模最大的消防演习，消防队演习时可以处置 300 米高空的火情，而这栋大楼才 85 米高，为何演习后发生火灾？为何火灾发生后不能及时灭火？上海“11·15”特大火灾事故处置过程中，消防营救行动、受灾群众情况、事故责任追查、善后处理工作以及对今后防火工作的讨论等，均是网民关注的热点。一场对上海市政府拷问、质疑的舆情风暴正在发酵。

首先，上海市政府并未下达封口令，本地媒体对火灾给予了及时的强烈关注。上海卫视新闻综合频道《新闻快报》栏目当天下午 4 点播报火灾消息，其后连线前方记者直播报道火灾情况；次日《东方早报》用了 12 个版报道火灾消息，上海市委机关报《解放日报》头版头条刊登事故消息，头版5个版面中有3个版面与火灾事故相关。

其次，政府部门对于此次大火采取的一系列措施，如组织灭火、布置抢救工作、调查事故原因、安置受灾群众、悼念死者、慰问死者家属及其信息发布与危机公关等，均起到了较好的效果。

在消防官兵的努力下，大火在当天下午6点30分得到了基本控制。大火发生当晚，上海市政府即在火灾现场附近召开新闻发布会，第一时间如实通报静安区胶州路大火的救援及伤亡情况。灾情的及时报道，火灾伤亡情况的透明发布，使得人心初步得到稳定。火灾发生后，上海市领导俞正声、韩正等第一时间赶往火灾现场指挥抢险救援、灾后系列安置工作，为受灾者安排了临时安置点。事故当天深夜，国务委员、公安部部长孟建柱率国务院工作组紧急赴上海视察现场，成立事故调查组。17日初步调查结果发布，上海“11·15”特大火灾事故是一起特别重大责任事故。[①] 11月17日，国务院调查组公布了火灾原因，使媒体与网民及时了解了火灾的真相。事故处理过程中，上海市政府快速界定事故责任，公布事故发生原因，举措及时到位，公开透明的应对措施和解决办法，起到了缓和舆情的作用。

最后，通过表达对逝者的深深悼念之情和人性化抚慰，成功地舒缓了网络舆情。

大火后的第七天是11月21日，即中国传统的“头七”之日。至少有10万上海市民来到这栋被烧得焦黑的大楼前，自发哀悼“11·15”特大火灾遇难者。当天的胶州路人潮涌动，大量爱心人士向前去悼念行人免费派送菊花及“上海不哭”等字样海报。应该说，11月21日是比较重要的缓解舆情压力的转折点。

---

① 上海“11·15”特别重大火灾事故是一起责任事故［EB/OL］. 中国政府网，2010-11-16.

四大门户微博、平面媒体、新闻网站、论坛、博客、视频网站等多种媒体，均对上海市民手捧白花自发前往事故现场祭悼，场面有序而安静的新闻进行了大规模的报道或记录。尤其是“高层领导参与吊唁行动”的报道在缓和网络舆情的负面态度上作用十分明显。至此，网络群体性事件终于渐渐平复。

综观上海“11·15”特大火灾的网络舆情走势，常规的应对网络群体性事件的做法，如对消防官兵英勇行为、有关部门施救组织得力等措施的报道，与网民的情感相抵牾。这是因为当日消防部门英勇行为与几天前“成功的消防演习”报道的对比反差异常鲜明，二是由于特大火灾已造成重大的损失，令网民在情感上很难再高度肯定施救行动。针对这一情况，政府部门在设置应对事件的议题时，及时披露事件真相，强调默哀活动的开展，突出高层领导人的态度，以安抚网民情绪，将带有负面感情的愤怒与悲伤逐渐化为“同甘共苦”的中性情绪，以减低网络舆情的激烈程度，达到了较好的效果。

六、解决网下现实问题以消除网络群体性事件的根源

只有解决网络群体性事件的现实根源，才能釜底抽薪，彻底平息网民的不满和情绪的宣泄，故应边处置事件边通报信息。

要增强网上网下解决问题的能力，对易引发炒作的一些问题，采取果断措施，迅速处置到位。对于已引发危机的网络群体性事件，要迅速采取善后措施，尽量亡羊补牢，防止媒体进一步关注。陕西“周老虎”事件持续了8个多月，网民从对老虎真假质疑到对政府公信力的考问，特别是针对国家和陕西省有关部门对事件处理的迟疑不决，掀起了持续不断的舆论审判，使一个边远小镇上发生的一起闹剧，演变成了轰动全球的舆论危机。其教训在于：处理网上舆论没有夯实网下解决问题的基

础，只有解决问题，不留尾巴，才能彻底消除炒作的源头。①

七、重视和善用新媒体

3G、4G技术的开发及日渐普及，促使基于互联网的网络新媒体蓬勃发展。网络新媒体具有便捷、信息传播快、覆盖面广、互动性强等优势。网络新媒体的异军突起极大拓展了政府部门危机传播的渠道，仅依赖传统主流媒体已经不合时宜，开发新媒体优势，开展多载体的组合宣传，打造多媒体立体化模式已逐渐显示出其必要性。

政府自身的主流媒体，代表主旋律观念，是政府部门进行宣传工作的重要资源。运用网络新媒体则体现出政府部门积极迎合互联网发展规律的特性。“传统媒体和新兴媒体不是取代关系，而是迭代关系；不是谁主谁次，而是此长彼长；不是谁强谁弱，而是优势互补。从目前情况看，我国媒体融合发展整体优势还没有充分发挥出来。要坚持一体化发展方向，加快从相加阶段迈向相融阶段，通过流程优化、平台再造，实现各种媒介资源、生产要素有效整合，实现信息内容、技术应用、平台终端、管理手段共融互通，催化融合质变，放大一体效能，打造一批具有强大影响力、竞争力的新型主流媒体。”② 如何整合网络新媒体与政府自身权威主流媒体资源，是网络时代政府部门所面临的另一项任务。“从全球范围看，媒体智能化进入快速发展阶段。我们要增强紧迫感和使命感，推动关键核心技术自主创新不断实现突破，探索将人工智能运用在新闻采集、生产、分发、接收、反馈中，用主流价值导向驾驭‘算法’，全面提高舆论引导能力。”③

政府部门通过强有力的主流媒体发出声音方能为更多的民众所知

① 王敏. 领导干部有效应对网络群体性事件的策略［J］. 领导之友，2012（4）：64.
② 习近平. 加快推动媒体融合发展 构建全媒体传播格局［J］. 求是，2019（6）：6.
③ 习近平. 加快推动媒体融合发展 构建全媒体传播格局［J］. 求是，2019（6）：7.

晓，从而达到引导舆论的目的，与主流媒体、网民信任度高的媒体建立长期友好关系，可以使其关键时刻愿意为官方刊载权威话语。在借用传统媒体优势做好政府网站宣传工作的同时，搭建新媒体平台。政府部门开通微博，显示出政府部门开始放下身段主动与民沟通，改善传统媒体环境下的灌输式宣传，政府部门由被动宣传走向主动公关。在突发事件的对外宣传中，摈弃“你问我答”的态度，主动利用多种媒体公布事件真相，避免民众惶恐情绪及质疑态度产生。传统权威媒体与政府部门自身网络新媒体相融合，利用建立的新闻发布机制进行相关新闻发布，或用各级媒体资源有针对性地开展危机传播活动，以打造立体化危机传播模式。

从网络群体性事件应对的角度讲，危机传播的目的大致有两个。其一是危机发生后的引导。其目的在于消除公众误解与疑问，化解舆情危机。针对危机发生后的“引导式宣传”，在新媒体的环境下，则更需要多载体的组合方式，以达到最好的引导效果。其二是日常政府新闻发布的“主动宣传”。其目的在于让民众了解政府工作内容、政府工作动态，同时解说政府政策，宣扬主旋律，以营造良好的舆论氛围。主动宣传、正面引导两者是政府部门宣传工作中密不可分的两点。

政府网络群体性事件应对过程中，应该在第一时间利用网络新媒体便捷、快速的优势，通过网络媒体尽快发布权威信息，消解公众疑惑，如运用政府微博及时发布信息，采用引导式宣传方式，正确引导网络舆论；随后，利用政府自身权威主流媒体资源，深入报道事件发生的背景、原因与详细过程等，占据舆论的主动权。

占领微博阵地，密切关注全网舆情动态。在信息传播渠道方面，党政机构、官员微博异军突起，成为与民互动、传播信息的新路径。目前，经过认证的党政机关、政府官员类微博激增，通常是网络群体性事件应对及辟谣发布信息的首选工具。

通过微博这一全新的传播媒体，积极向上的宣传摆脱了以往官味浓厚的单向传播，与民众互动的沟通方式显得亲切而温暖。从信息反馈层面而言，微博的即时性交流可以让官民之间的沟通更加顺畅，既拓宽了官民交流的广度，又挖掘了官民交流的深度，大大提高了解决民众困难的效率。这种深入民众的沟通方式，切实为民排忧解难的交流，恰恰是百姓心中最为正面和积极的宣传。“平安北京”的微博粉丝已经超过130万，“平安肇庆”粉丝数也已经达到了83万，吸引如此之多网民注意力的正是政府机构依托微博平台为民办实事的那份真诚和实际的行动，它们在百姓心目中便是最真实、最积极的政府形象代表。

作为信息传播新渠道，微博已经成为舆论表达和汇集的重要平台。尤其是2010年以来，几乎所有的网络热点公共事件都与微博有关，甚至起源于微博。“山西疫苗事件”“记者仇子明被通缉事件”“东莞涉黄人员游街事件”“河南李盟盟被落榜事件”“河南蜱虫咬人致死事件”“宜黄拆迁自焚事件”“河北大学车祸案”等事件或起源于微博，或通过微博回应公众，或在微博平台中酝酿发酵成公共事件，微博在热点事件中的作用日益凸显。

若干新闻热点见证，微博中的热点话题与互联网舆论关注焦点具有高度的重合度。热点事件发生后，能够在极短时间内在微博中成为热议话题；而源于微博的新鲜内容，也为各大媒体挖掘信息报道新闻提供了信息点。各大新闻热点及关注度较高的事件在微博与整个互联网中呈现互通互动的特点。“甘肃泥石流自然灾害”“伊春空难”“金浩茶油”“宜黄拆迁自焚”等事件都在微博中引起舆论热潮。

微博作为异军突起的传播新渠道，在舆论形成及引导中体现出一定的影响力。但由于微博信息传播速度非常快，当富有争议性、爆炸性或是涉官涉富等信息出现时，一哄而上的网民容易产生非理性的情绪，导致事件发生后受舆论绑架。因此政府部门在处置应对舆情危机事件之时，要及时做好预警工作，将微博作为传达政府信息的平台。在事件酝酿成本地网络群体性事件之前，未雨绸缪，寻求微博舆情热点，密切洞察网络群体性事件的走势，关注引导信息发展，谨防事态发展不受控制。

2010年12月25日上午9时许，浙江乐清蒲岐镇虹南公路寨桥村村民钱云会，被一辆牌照为皖K58323、由刚刚出狱几天的司机费良玉驾驶的解放牌重型自卸货车碾死，身首异处。在当地官方新闻网站的简短通讯中此起事件被简单描述为“乐清蒲岐镇今日发生一起交通事故，致1人死亡”。死者钱云会生前多次为寨桥村村民争取权益，屡次上访。2005年，在寨桥村村民委员会主任的民主选举中，钱云会以2300票的高票（村民总计2500多票）当选为村民委员会主任。案发后，死者的亲属和多位目击证人称钱云会被谋杀，但目击证词后来被官方定为伪证。12月27日下午，乐清市警方就此召开新闻发布会，称本事件为“一起交通肇事案件”，对媒体以及网民的诸多疑问未作回应。①

地方政府处置和危机应对的失当，愈加凸显出政府舆论引导能力的不足。在钱云会事件发生后几小时之内，微博中其惨死的图片被网友疯狂转发，群情激奋，钱云会身首异处的画面刺激网民神经，加之随后网络爆料称，村主任钱云会生前曾就当地工程违法征地情况多次举报或上访。微博及各大论坛中充满了死者是被“故意碾死”的网帖申告与质疑。官方回应之前，“故意碾死”已经成为网民及媒体先发设置的议程，公众关于事件的先发看法已形成。地方政府迟到的回应未能洞察事件在微博及各大媒体的舆论发展态势，置网络舆论于不顾，在官方新闻网站及新闻发布会中，将案件定性为“一起交通肇事案件”，对媒体及网络的诸多疑问不做回应。地方政府在网络舆情潜伏期、发展期，忽视

① 浙江乐清上访村主任疑被故意碾死［EB/OL］. 网易新闻频道，2010－12－27.

网络舆论发展态势，错失舆论应对先发优势，致使在后续回应过程陷于被动地位。

总之，密切洞察微博中舆论发展动态，预测微博舆论走势，是地方政府应对网络群体性事件的重要组成部分。微博舆论走势是地方政府舆论应对的重要依据。密切关注全网的舆情热点，并依靠全网的舆情态势预测微博舆情热点话题，研判微博舆情热点的发展趋势在网络群体性事件应对中至关重要。

八、多主体协同治理

网络群体性事件治理中，不能仅靠政府部门单一主体治理，应借助各个主体所发挥的作用，实现各方力量的协同。要充分发挥网络行业自身、广大网民等不同主体的作用，通过多方合作，以新型的多元合作方式取代传统的上下对立。坚持谁主管谁负责、谁经营谁负责、谁审批谁负责、谁办网谁管网的原则，形成各方守土有责、协同治理的格局。"网上信息管理，网站应负主体责任，政府行政管理部门要加强监管。主管部门、企业要建立密切协作协调的关系，避免过去经常出现的'一放就乱、一管就死'现象，走出一条齐抓共管、良性互动的新路。"①

（一）依靠网络服务商自律

加强网络服务商自律。树立"以行业监管为主，政府监管为辅"的理念，把政府监管力量集中在制定法律和引导政策并负责落实等重点领域，减少管理成本，提高监管效能。积极推动网络企业在政府引导下建立健全行业自律机制，通过制定行业规范、受理公众投诉等方式，维

① 习近平. 在网络安全和信息化工作座谈会上的讲话［N］. 人民日报，2016－04－26（2）.

护国家网络空间信息安全和保护公众利益。

政府可以用经济手段引导网络服务商进行自律，通过成立行业协会，进一步加强行业自律。网络协会既要充分行使行业组织职能，制定行业章程，完善行业规范，又要倡导网络文明，引导网络从业人员遵守国家法律法规、职业道德，自觉维护主流思想、传播先进文化、抵制低俗之风。①

（二）网络媒体从业者加强自律

网络媒体是指“按照新闻媒体传播流程运作的（即由专业人员对新闻和信息进行采集、整理、加工、发布），具有公信力的，能够产生巨大社会影响力和能够迅速形成社会舆论的网络传播平台”②。相比传统媒体严格的把关审核制度，网络媒体对新闻的编辑以及转载更多地依靠网络编辑的判断，因此网络编辑应充分发挥“把关人”的作用。

此外，论坛管理者和版主应利用自身的媒介功能，将网民的碎片化言论加以梳理和整合，进行有效的舆论引导。进一步加强对网上特定舆情力量的管理，包括加快培育主流网上意见领袖，加强网络评论员队伍建设，加强对新闻媒体从业人员网上信息发布的管理等。

（三）提高网民自身素质

网络群体性事件的治理离不开网民自律和自我规范。尤其是博客、微博、微信等自媒体产生以后，网民拥有了较大的话语权。网民应该珍惜并积极地去运用这项权利。网民应发表理性的见解，不跟风不谩骂，不发表明显偏激、属于情绪宣泄的内容。然而，我国网民具有学历低、年龄低等特点，年轻群体是中国网民的主体，他们自身正处于社会化阶

① 潘承环. 加强网络舆论宣传管理 营造网络发展良好环境［J］. 当代广西，2008（9）：47.

② 闵大宏. 数字化传媒概要［M］. 上海：复旦大学出版社，2003：73.

段，对信息的接受具有一定的盲目性，因此提高网民的素质尤为重要。

要加强网络素养教育。加强对公民尤其是未成年人的宣传教育，及时发布有害信息预警，在学校开设专门课程，帮助人们提高正确使用网络工具的能力，积极利用互联网开展法制宣传教育等素质教育，培养理性的网民。

结　语

习近平总书记指出，“网络是一把双刃剑，一张图、一段视频经由全媒体几个小时就能形成爆发式传播，对舆论场造成很大影响。这种影响力，用好了造福国家和人民，用不好就可能带来难以预见的危害。”①互联网带来的“网络化”“数字化”“虚拟化”正在深刻地改变着中国社会。网络在为人们提供海量信息的同时，其沟通交往、民意表达汇聚等功能，给传统的信息传播方式带来了颠覆性变革，也给国家治理带来了严峻挑战。本书重点研究了网络群体性事件。

一、主要的理论建树

一是对网络群体性事件作出重新定义。

本书对网络群体性事件进行了重新定义，避免把凡是遭到网民热议的事件都看成网络群体性事件的宽泛看法，区分了现实空间与虚拟空间群体性事件的差异与关系，趋于中性的定义，避免了以往一些概念过于强调网络群体性事件负面意义和污名化，兼顾了网络群体性事件具有的一定积极作用。对网络群体性事件的界定与研究比较全面、系统、客观，没有将其简单视为负面事件，认为这类事件既是网民利益表达的新

① 习近平．加快推动媒体融合发展 构建全媒体传播格局［J］．求是，2019（6）：7.

途径，又带来了比较复杂的治理问题。对网络群体性事件的特征进行了新的探讨，网络群体性事件具有产生的偶然性与突发性、参与主体的分散性和无关联性、传播的快速性、指向的公共性、虚拟与现实的交互性、理性与非理性并存、扩散的非线性以及走向的难控性。

二是全面分析网络群体性事件产生的原因。

提出社会急剧变革所带来的各种效应是网络群体性事件产生的现实根源，网络意见人士和关键帖子是网络群体性事件爆发的重要催化因素，网络的技术特点为网络群体性事件的放大提供了条件，网民的心理与行动是网络群体性事件的重要演化动力，领导干部应对新媒体的能力薄弱是网络群体性事件产生的直接原因，网络媒体为争夺注意力与第一发布时间导致网络群体性事件频发，属地管理的体制难以有效治理跨越时空的网络群体性事件，互联网已成为国际意识形态斗争的一个主要战场。

三是深化了网络群体性事件形成机理的研究。

网络群体性事件改变了信息传播和话语权的格局，网络群体性事件的演化过程构成了一个复杂系统，并具有系统动力学特征。本书从这一视角切入，把握网络群体性事件的特点和产生原因，了解网络群体性事件的形成机理和规律。在互联网时代，信息的传播和反馈是网络群体性事件的重要演化动力，尤其在网络群体性事件中，信息的传播和反馈与网民群体心理的作用是最有影响力的主要因素。在网络群体性事件的不同阶段，信息流动与群体心理扩散呈现不同特点。

四是初步揭示了网络群体性事件呈现的规律。

网络群体性事件呈现以下规律。（1）眼球效应。只有能够吸引网民眼球的事件才有可能引发网络群体性事件。这些敏感内容与主题有：涉及公共权力、公共利益、公共价值及公众人物等的敏感信息。（2）首因效应。传播学认为，当网络群体性事件发生时，先披露的信息往往使公众接受后产生先入为主的效果，此即首因效应。（3）羊群效应。网民普遍存在从众心理，不管网上的话题是否与自己有关、是否感兴趣，喜欢凑热闹发帖，一些言论大有语不惊人死不休的气势。网络群体性事件还呈现出巨涨落效应、操控效应、共振效应等规律。

五是提出走网上群众路线和实时治理、协同治理、分级治理网络群体性事件的新思路。

网络群体性事件的偶然性、非线性、跳跃式发展，使得传统的危机预警机制效力降低。因此，在使用高科技建设针对网络群体性事件的监测预警体系的同时，应重点建设实时的应急管理决策体系，以便快速反应。网络群体性事件演化的不同阶段呈现不同特点，网络群体性事件的应急管理应考虑针对不同阶段性特征采用实时的措施。网络群体性事件的应急管理应整合横向和纵向管理体系资源的应急管理平台，以便形成合力。

二、研究的创新性

一是研究视角较新。对网络群体性事件的界定没有沿袭既有的定义，而是结合事件的特性重新界定了网络群体性事件概念，在国内比较系统、比较全面地研究网络群体性事件及其防范与治理问题。试图解释：为什么网络群体性事件集中在某些特定的主题和领域；为什么同是网络事件，有些能成为一个网络热点事件；议程设置、政治修辞与网民互动，如何影响网络群体性事件的走向；互联网技术及传统媒体的报道与传播是如何影响网民心理及行为的；网络群体性事件的防范与治理需要什么样的新思维。

二是研究方法综合运用较好。案例分析、内容分析、心理分析、文献研究等多方法的综合运用加深对研究对象的理解。

三是提出了新的观点和理论。在网络群体性事件的特征、形成机理、基本规律、防范和治理方面提出了一些新的见解。尤其是中期成果中，2014 年即提出走网上群众路线的理论观点。此外在融合相关理论研究网络群体性事件的形成机理、基本规律方面具有新意。

三、有待进一步研究之处

第一，大数据分析手段缺乏。笔者竭尽所能找到国内的文献、各种舆情报告和案例资料。但即使如此，也只能分析其中部分案例文献，由于舆情监测软件较昂贵，网信部门工作的敏感性又使笔者无法与其深度合作，因此，对一些问题的研究还缺乏足够的实证性，留下不少缺憾。

第二，互联网新媒体仍处在发展过程中，微博、微信的使用已经改变了网络群体性事件的爆发形式。随着 2013 年“两高”司法解释的出台，国家权力对虚拟空间的强势介入，网络群体性事件如何出现新的演变还难以给出终结性的论断，许多情况目前还在博弈与变化之中，有待进一步思考。

附 录

附录一 国家网络安全事件应急预案

目 录

1 总则
1.1 编制目的
1.2 编制依据
1.3 适用范围
1.4 事件分级
1.5 工作原则
2 组织机构与职责
2.1 领导机构与职责
2.2 办事机构与职责
2.3 各部门职责
2.4 各省（区、市）职责
3 监测与预警

3.1 预警分级

3.2 预警监测

3.3 预警研判和发布

3.4 预警响应

3.5 预警解除

4 应急处置

4.1 事件报告

4.2 应急响应

4.3 应急结束

5 调查与评估

6 预防工作

6.1 日常管理

6.2 演练

6.3 宣传

6.4 培训

6.5 重要活动期间的预防措施

7 保障措施

7.1 机构和人员

7.2 技术支撑队伍

7.3 专家队伍

7.4 社会资源

7.5 基础平台

7.6 技术研发和产业促进

7.7 国际合作

7.8 物资保障

7.9 经费保障

7.10 责任与奖惩
8 附则
8.1 预案管理
8.2 预案解释
8.3 预案实施时间

1 总则

1.1 编制目的

建立健全国家网络安全事件应急工作机制，提高应对网络安全事件能力，预防和减少网络安全事件造成的损失和危害，保护公众利益，维护国家安全、公共安全和社会秩序。

1.2 编制依据

《中华人民共和国突发事件应对法》《中华人民共和国网络安全法》《国家突发公共事件总体应急预案》《突发事件应急预案管理办法》和《信息安全技术信息安全事件分类分级指南》（GB/Z 20986—2007）等相关规定。

1.3 适用范围

本预案所指网络安全事件是指由于人为原因、软硬件缺陷或故障、自然灾害等，对网络和信息系统或者其中的数据造成危害，对社会造成负面影响的事件，可分为有害程序事件、网络攻击事件、信息破坏事件、信息内容安全事件、设备设施故障、灾害性事件和其他事件。

本预案适用于网络安全事件的应对工作。其中，有关信息内容安全事件的应对，另行制定专项预案。

1.4 事件分级

网络安全事件分为四级：特别重大网络安全事件、重大网络安全事件、较大网络安全事件、一般网络安全事件。

（1）符合下列情形之一的，为特别重大网络安全事件：

①重要网络和信息系统遭受特别严重的系统损失，造成系统大面积瘫痪，丧失业务处理能力。

②国家秘密信息、重要敏感信息和关键数据丢失或被窃取、篡改、假冒，对国家安全和社会稳定构成特别严重威胁。

③其他对国家安全、社会秩序、经济建设和公众利益构成特别严重威胁、造成特别严重影响的网络安全事件。

（2）符合下列情形之一且未达到特别重大网络安全事件的，为重大网络安全事件：

①重要网络和信息系统遭受严重的系统损失，造成系统长时间中断或局部瘫痪，业务处理能力受到极大影响。

②国家秘密信息、重要敏感信息和关键数据丢失或被窃取、篡改、假冒，对国家安全和社会稳定构成严重威胁。

③其他对国家安全、社会秩序、经济建设和公众利益构成严重威胁、造成严重影响的网络安全事件。

（3）符合下列情形之一且未达到重大网络安全事件的，为较大网络安全事件：

①重要网络和信息系统遭受较大的系统损失，造成系统中断，明显影响系统效率，业务处理能力受到影响。

②国家秘密信息、重要敏感信息和关键数据丢失或被窃取、篡改、假冒，对国家安全和社会稳定构成较严重威胁。

③其他对国家安全、社会秩序、经济建设和公众利益构成较严重威胁、造成较严重影响的网络安全事件。

（4）除上述情形外，对国家安全、社会秩序、经济建设和公众利益构成一定威胁、造成一定影响的网络安全事件，为一般网络安全事件。

1.5　工作原则

坚持统一领导、分级负责；坚持统一指挥、密切协同、快速反应、科学处置；坚持预防为主，预防与应急相结合；坚持谁主管谁负责、谁运行谁负责，充分发挥各方面力量共同做好网络安全事件的预防和处置工作。

2　组织机构与职责

2.1　领导机构与职责

在中央网络安全和信息化领导小组（以下简称“领导小组”）的领导下，中央网络安全和信息化领导小组办公室（以下简称“中央网信办”）统筹协调组织国家网络安全事件应对工作，建立健全跨部门联动处置机制，工业和信息化部、公安部、国家保密局等相关部门按照职责分工负责相关网络安全事件应对工作。必要时成立国家网络安全事件应急指挥部（以下简称“指挥部”），负责特别重大网络安全事件处置的组织指挥和协调。

2.2　办事机构与职责

国家网络安全应急办公室（以下简称“应急办”）设在中央网信办，具体工作由中央网信办网络安全协调局承担。应急办负责网络安全应急跨部门、跨地区协调工作和指挥部的事务性工作，组织指导国家网络安全应急技术支撑队伍做好应急处置的技术支撑工作。有关部门派负责相关工作的司局级同志为联络员，联络应急办工作。

2.3　各部门职责

中央和国家机关各部门按照职责和权限，负责本部门、本行业网络和信息系统网络安全事件的预防、监测、报告和应急处置工作。

2.4　各省（区、市）职责

各省（区、市）网信部门在本地区党委网络安全和信息化领导小组统一领导下，统筹协调组织本地区网络和信息系统网络安全事件的预防、监测、报告和应急处置工作。

3 监测与预警

3.1 预警分级

网络安全事件预警等级分为四级：由高到低依次用红色、橙色、黄色和蓝色表示，分别对应发生或可能发生特别重大、重大、较大和一般网络安全事件。

3.2 预警监测

各单位按照“谁主管谁负责、谁运行谁负责”的要求，组织对本单位建设运行的网络和信息系统开展网络安全监测工作。重点行业主管或监管部门组织指导做好本行业网络安全监测工作。各省（区、市）网信部门结合本地区实际，统筹组织开展对本地区网络和信息系统的安全监测工作。各省（区、市）、各部门将重要监测信息报应急办，应急办组织开展跨省（区、市）、跨部门的网络安全信息共享。

3.3 预警研判和发布

各省（区、市）、各部门组织对监测信息进行研判，认为需要立即采取防范措施的，应当及时通知有关部门和单位，对可能发生重大及以上网络安全事件的信息及时向应急办报告。各省（区、市）、各部门可根据监测研判情况，发布本地区、本行业的橙色及以下预警。

应急办组织研判，确定和发布红色预警和涉及多省（区、市）、多部门、多行业的预警。

预警信息包括事件的类别、预警级别、起始时间、可能影响范围、警示事项、应采取的措施和时限要求、发布机关等。

3.4 预警响应

3.4.1 红色预警响应

（1）应急办组织预警响应工作，联系专家和有关机构，组织对事态发展情况进行跟踪研判，研究制定防范措施和应急工作方案，协调组织资源调度和部门联动的各项准备工作。

（2）有关省（区、市）、部门网络安全事件应急指挥机构实行24小时值班，相关人员保持通信联络畅通。加强网络安全事件监测和事态发展信息搜集工作，组织指导应急支撑队伍，相关运行单位开展应急处置或准备、风险评估和控制工作，重要情况报应急办。

（3）国家网络安全应急技术支撑队伍进入待命状态，针对预警信息研究制定应对方案，检查应急车辆、设备、软件工具等，确保处于良好状态。

3.4.2　橙色预警响应

（1）有关省（区、市）、部门网络安全事件应急指挥机构启动相应应急预案，组织开展预警响应工作，做好风险评估、应急准备和风险控制工作。

（2）有关省（区、市）、部门及时将事态发展情况报应急办。应急办密切关注事态发展，有关重大事项及时通报相关省（区、市）和部门。

（3）国家网络安全应急技术支撑队伍保持联络畅通，检查应急车辆、设备、软件工具等，确保处于良好状态。

3.4.3　黄色、蓝色预警响应

有关地区、部门网络安全事件应急指挥机构启动相应应急预案，指导组织开展预警响应。

3.5　预警解除

预警发布部门或地区根据实际情况，确定是否解除预警，及时发布预警解除信息。

4 应急处置

4.1 事件报告

网络安全事件发生后，事发单位应立即启动应急预案，实施处置并及时报送信息。各有关地区、部门立即组织先期处置，控制事态，消除隐患，同时组织研判，注意保存证据，做好信息通报工作。对于初判为特别重大、重大网络安全事件的，立即报告应急办。

4.2 应急响应

网络安全事件应急响应分为四级，分别对应特别重大、重大、较大和一般网络安全事件。Ⅰ级为最高响应级别。

4.2.1 Ⅰ级响应

属特别重大网络安全事件的，及时启动Ⅰ级响应，成立指挥部，履行应急处置工作的统一领导、指挥、协调职责。应急办 24 小时值班。

有关省（区、市）、部门应急指挥机构进入应急状态，在指挥部的统一领导、指挥、协调下，负责本省（区、市）、本部门应急处置工作或支援保障工作，24 小时值班，并派员参加应急办工作。

有关省（区、市）、部门跟踪事态发展，检查影响范围，及时将事态发展变化情况、处置进展情况报应急办。指挥部对应对工作进行决策部署，有关省（区、市）和部门负责组织实施。

4.2.2 Ⅱ级响应

网络安全事件的Ⅱ级响应，由有关省（区、市）和部门根据事件的性质和情况确定。

（1）事件发生省（区、市）或部门的应急指挥机构进入应急状态，按照相关应急预案做好应急处置工作。

（2）事件发生省（区、市）或部门及时将事态发展变化情况报应急办。应急办将有关重大事项及时通报相关地区和部门。

（3）处置中需要其他有关省（区、市）、部门和国家网络安全应急技术支撑队伍配合和支持的，应急办予以协调。相关省（区、市）、部门和国家网络安全应急技术支撑队伍应根据各自职责，积极配合、提供支持。

（4）有关省（区、市）和部门根据应急办的通报，结合各自实际有针对性地加强防范，防止造成更大范围的影响和损失。

4.2.3 Ⅲ级、Ⅳ级响应

事件发生地区和部门按相关预案进行应急响应。

4.3 应急结束

4.3.1 Ⅰ级响应结束

应急办提出建议，报指挥部批准后，及时通报有关省（区、市）和部门。

4.3.2 Ⅱ级响应结束

由事件发生省（区、市）或部门决定，报应急办，应急办通报相关省（区、市）和部门。

5 调查与评估

特别重大网络安全事件由应急办组织有关部门和省（区、市）进行调查处理和总结评估，并按程序上报。重大及以下网络安全事件由事件发生地区或部门自行组织调查处理和总结评估，其中重大网络安全事件相关总结调查报告报应急办。总结调查报告应对事件的起因、性质、影响、责任等进行分析评估，提出处理意见和改进措施。

事件的调查处理和总结评估工作原则上在应急响应结束后30天内完成。

6 预防工作

6.1 日常管理

各地区、各部门按职责做好网络安全事件日常预防工作，制定完善相关应急预案，做好网络安全检查、隐患排查、风险评估和容灾备份，健全网络安全信息通报机制，及时采取有效措施，减少和避免网络安全事件的发生及危害，提高应对网络安全事件的能力。

6.2 演练

中央网信办协调有关部门定期组织演练，检验和完善预案，提高实战能力。

各省（区、市）、各部门每年至少组织一次预案演练，并将演练情况报中央网信办。

6.3 宣传

各地区、各部门应充分利用各种传播媒介及其他有效的宣传形式，加强突发网络安全事件预防和处置的有关法律、法规和政策的宣传，开展网络安全基本知识和技能的宣传活动。

6.4 培训

各地区、各部门要将网络安全事件的应急知识列为领导干部和有关人员的培训内容，加强网络安全特别是网络安全应急预案的培训，提高防范意识及技能。

6.5 重要活动期间的预防措施

在国家重要活动、会议期间，各省（区、市）、各部门要加强网络安全事件的防范和应急响应，确保网络安全。应急办统筹协调网络安全保障工作，根据需要要求有关省（区、市）、部门启动红色预警响应。有关省（区、市）、部门加强网络安全监测和分析研判，及时预警可能造成重大影响的风险和隐患，重点部门、重点岗位保持24小时值班，及时发现和处置网络安全事件隐患。

7 保障措施

7.1 机构和人员

各地区、各部门、各单位要落实网络安全应急工作责任制，把责任落实到具体部门、具体岗位和个人，并建立健全应急工作机制。

7.2 技术支撑队伍

加强网络安全应急技术支撑队伍建设，做好网络安全事件的监测预警、预防防护、应急处置、应急技术支援工作。支持网络安全企业提升应急处置能力，提供应急技术支援。中央网信办制定评估认定标准，组织评估和认定国家网络安全应急技术支撑队伍。各省（区、市）、各部门应配备必要的网络安全专业技术人才，并加强与国家网络安全相关技术单位的沟通、协调，建立必要的网络安全信息共享机制。

7.3 专家队伍

建立国家网络安全应急专家组，为网络安全事件的预防和处置提供技术咨询和决策建议。各地区、各部门加强各自的专家队伍建设，充分发挥专家在应急处置工作中的作用。

7.4 社会资源

从教育科研机构、企事业单位、协会中选拔网络安全人才，汇集技术与数据资源，建立网络安全事件应急服务体系，提高应对特别重大、重大网络安全事件的能力。

7.5 基础平台

各地区、各部门加强网络安全应急基础平台和管理平台建设，做到早发现、早预警、早响应，提高应急处置能力。

7.6 技术研发和产业促进

有关部门加强网络安全防范技术研究，不断改进技术装备，为应急响应工作提供技术支撑。加强政策引导，重点支持网络安全监测预警、预防防护、处置救援、应急服务等方向，提升网络安全应急产业整体水平与核心竞争力，增强防范和处置网络安全事件的产业支撑能力。

7.7　国际合作

有关部门建立国际合作渠道，签订合作协定，必要时通过国际合作共同应对突发网络安全事件。

7.8　物资保障

加强对网络安全应急装备、工具的储备，及时调整、升级软件硬件工具，不断增强应急技术支撑能力。

7.9　经费保障

财政部门为网络安全事件应急处置提供必要的资金保障。有关部门利用现有政策和资金渠道，支持网络安全应急技术支撑队伍建设、专家队伍建设、基础平台建设、技术研发、预案演练、物资保障等工作开展。各地区、各部门为网络安全应急工作提供必要的经费保障。

7.10　责任与奖惩

网络安全事件应急处置工作实行责任追究制。

中央网信办及有关地区和部门对网络安全事件应急管理工作中作出突出贡献的先进集体和个人给予表彰和奖励。

中央网信办及有关地区和部门对不按照规定制定预案和组织开展演练，迟报、谎报、瞒报和漏报网络安全事件重要情况或者应急管理工作中有其他失职、渎职行为的，依照相关规定对有关责任人给予处分；构成犯罪的，依法追究刑事责任。

8　附则

8.1　预案管理

本预案原则上每年评估一次，根据实际情况适时修订。修订工作由中央网信办负责。

各省（区、市）、各部门、各单位要根据本预案制定或修订本地区、本部门、本行业、本单位网络安全事件应急预案。

8.2　预案解释

本预案由中央网信办负责解释。

8.3　预案实施时间

本预案自印发之日起实施。

中央网络安全和信息化领导小组办公室

2017 年 1 月 10 日

附件：

1. 网络安全事件分类

2. 名词术语

3. 网络和信息系统损失程度划分说明

附件 1　网络安全事件分类

网络安全事件分为有害程序事件、网络攻击事件、信息破坏事件、信息内容安全事件、设备设施故障、灾害性事件和其他网络安全事件等。

（1）有害程序事件分为计算机病毒事件、蠕虫事件、特洛伊木马事件、僵尸网络事件、混合程序攻击事件、网页内嵌恶意代码事件和其他有害程序事件。

（2）网络攻击事件分为拒绝服务攻击事件、后门攻击事件、漏洞攻击事件、网络扫描窃听事件、网络钓鱼事件、干扰事件和其他网络攻击事件。

（3）信息破坏事件分为信息篡改事件、信息假冒事件、信息泄露事件、信息窃取事件、信息丢失事件和其他信息破坏事件。

（4）信息内容安全事件是指通过网络传播法律法规禁止信息，组织非法串联、煽动集会游行或炒作敏感问题并危害国家安全、社会稳定和公众利益的事件。

（5）设备设施故障分为软硬件自身故障、外围保障设施故障、人为破坏事故和其他设备设施故障。

（6）灾害性事件是指由自然灾害等其他突发事件导致的网络安全事件。

（7）其他事件是指不能归为以上分类的网络安全事件。

附件2　名词术语

一、重要网络与信息系统

所承载的业务与国家安全、社会秩序、经济建设、公众利益密切相关的网络和信息系统。

（参考依据：《信息安全技术信息安全事件分类分级指南》（GB/Z 20986—2007））

二、重要敏感信息

不涉及国家秘密，但与国家安全、经济发展、社会稳定以及企业和公众利益密切相关的信息，这些信息一旦未经授权披露、丢失、滥用、篡改或销毁，可能造成以下后果：

a）损害国防、国际关系；

b）损害国家财产、公共利益以及个人财产或人身安全；

c）影响国家预防和打击经济与军事间谍、政治渗透、有组织犯罪等；

d）影响行政机关依法调查处理违法、渎职行为，或涉嫌违法、渎职行为；

e）干扰政府部门依法公正地开展监督、管理、检查、审计等行政活动，妨碍政府部门履行职责；

f）危害国家关键基础设施、政府信息系统安全；

g）影响市场秩序，造成不公平竞争，破坏市场规律；

h）可推论出国家秘密事项；

i）侵犯个人隐私、企业商业秘密和知识产权；

j）损害国家、企业、个人的其他利益和声誉。

（参考依据：《信息安全技术云计算服务安全指南》（GB/T 31167—2014））

附件 3　网络和信息系统损失程度划分说明

网络和信息系统损失是指由于网络安全事件对系统的软硬件、功能及数据的破坏，导致系统业务中断，从而给事发组织所造成的损失，其大小主要考虑恢复系统正常运行和消除安全事件负面影响所需付出的代价，划分为特别严重的系统损失、严重的系统损失、较大的系统损失和较小的系统损失，说明如下：

a）特别严重的系统损失：造成系统大面积瘫痪，使其丧失业务处理能力，或系统关键数据的保密性、完整性、可用性遭到严重破坏，恢复系统正常运行和消除安全事件负面影响所需付出的代价十分巨大，对于事发组织是不可承受的；

b）严重的系统损失：造成系统长时间中断或局部瘫痪，使其业务处理能力受到极大影响，或系统关键数据的保密性、完整性、可用性遭到破坏，恢复系统正常运行和消除安全事件负面影响所需付出的代价巨大，但对于事发组织是可承受的；

c）较大的系统损失：造成系统中断，明显影响系统效率，使重要信息系统或一般信息系统业务处理能力受到影响，或系统重要数据的保密性、完整性、可用性遭到破坏，恢复系统正常运行和消除安全事件负面影响所需付出的代价较大，但对于事发组织是完全可以承受的；

d）较小的系统损失：造成系统短暂中断，影响系统效率，使系统业务处理能力受到影响，或系统重要数据的保密性、完整性、可用性遭到影响，恢复系统正常运行和消除安全事件负面影响所需付出的代价较小。

附录二　互联网信息内容管理行政执法程序规定

（国家互联网信息办公室令第2号）

第一章　总则

第一条　为了规范和保障互联网信息内容管理部门依法履行职责，保护公民、法人和其他组织的合法权益，维护国家安全和公共利益，根据《中华人民共和国行政处罚法》《中华人民共和国网络安全法》和《国务院关于授权国家互联网信息办公室负责互联网信息内容管理工作的通知》，制定本规定。

第二条　互联网信息内容管理部门依法实施行政执法，对违反有关互联网信息内容管理法律法规规章的行为实施行政处罚，适用本规定。

本规定所称互联网信息内容管理部门，是指国家互联网信息办公室和地方互联网信息办公室。

第三条　互联网信息内容管理部门实施行政执法，应当遵循公开、公平、公正的原则，做到事实清楚、证据确凿、程序合法、法律法规规章适用准确适当、执法文书使用规范。

第四条　互联网信息内容管理部门建立行政执法督查制度。

上级互联网信息内容管理部门对下级互联网信息内容管理部门实施的行政执法进行督查。

第五条　互联网信息内容管理部门应当加强执法队伍建设，建立健全执法人员培训、考试考核、资格管理和持证上岗制度。

执法人员应当参加互联网信息内容管理部门组织的法律知识和业务知识培训，并经行政执法资格考试或者考核合格，取得执法证后方可从事执法工作。

执法证由国家互联网信息内容管理部门统一制定、核发或者授权省、自治区、直辖市互联网信息内容管理部门核发。

第二章 管辖

第六条 行政处罚由违法行为发生地的互联网信息内容管理部门管辖。

违法行为发生地包括实施违法行为的网站备案地，工商登记地（工商登记地与主营业地不一致的，应按主营业地），网站建立者、管理者、使用者所在地，网络接入地，计算机等终端设备所在地等。

第七条 市（地、州）级以下互联网信息内容管理部门依职权管辖本行政区域内的互联网信息内容行政处罚案件。

省、自治区、直辖市互联网信息内容管理部门依职权管辖本行政区域内重大、复杂的互联网信息内容行政处罚案件。

国家互联网信息内容管理部门依职权管辖应当由自己实施行政处罚的案件及全国范围内发生的重大、复杂的互联网信息内容行政处罚案件。

省、自治区、直辖市互联网信息内容管理部门可以依据法律法规规章，结合本地区实际，制定本行政区域内级别管辖的具体规定。

第八条 对当事人的同一违法行为，两个以上互联网信息内容管理部门均有管辖权的，由先行立案的互联网信息内容管理部门管辖。必要时，可以移送主要违法行为发生地的互联网信息内容管理部门管辖。

两个以上的互联网信息内容管理部门对管辖权有争议的，应当协商解决；协商不成的，报请共同的上一级互联网信息内容管理部门指定管辖。

第九条 上级互联网信息内容管理部门认为必要时，可以直接办理下级互联网信息内容管理部门管辖的案件，也可以将自己管辖的案件移交下级互联网信息内容管理部门办理。

下级互联网信息内容管理部门对其管辖的案件由于特殊原因不能行使管辖权的，可以报请上级互联网信息内容管理部门管辖或者指定管辖。

第十条 互联网信息内容管理部门发现案件不属于其管辖的，应当及时移送有管辖权的互联网信息内容管理部门。

受移送的互联网信息内容管理部门应当将案件查处结果及时函告移送案件的互联网信息内容管理部门；认为移送不当的，应当报请共同的上一级互联网信息内容管理部门指定管辖，不得再次移送。

第十一条 上级互联网信息内容管理部门接到管辖争议或者报请指定管辖请示后，应当在十个工作日内作出指定管辖的决定，并书面通知下级互联网信息内容管理部门。

第十二条 互联网信息内容管理部门发现案件属于其他行政机关管辖的，应当依法移送有关机关。

互联网信息内容管理部门发现违法行为涉嫌犯罪的，应当及时移送司法机关。司法机关决定立案的，互联网信息内容管理部门应当自接到司法机关立案通知书之日起三日内将与案件有关的材料移交司法机关，并办结交接手续。

第十三条 互联网信息内容管理部门对依法应当撤销互联网新闻信息服务许可、吊销互联网新闻信息服务许可证的，应当提出处理建议，并将取得的证据及相关材料报送原发证的互联网信息内容管理部门，由原发证的互联网信息内容管理部门依法作出是否撤销许可、吊销许可证的决定。

第三章　立案

第十四条　互联网信息内容管理部门应当对下列事项及时调查处理，并填写《案件来源登记表》（格式见附件1）：

（一）在监督检查中发现案件线索的；

（二）自然人、法人或者其他组织投诉、申诉、举报的；

（三）上级机关交办或者下级机关报请查处的；

（四）有关部门移送或者经由其他方式、途径发现的。

第十五条　行政处罚立案应当符合下列条件：

（一）有涉嫌违法的事实；

（二）依法应当予以行政处罚；

（三）属于互联网信息内容监督管理行政处罚的范围；

（四）属于本互联网信息内容管理部门管辖。

符合立案条件的，应当填写《立案审批表》（格式见附件2），同时附上相关材料，在七个工作日内报互联网信息内容管理部门负责人批准立案，并确定两名以上执法人员为案件承办人。特殊情况下，可以延长至十五个工作日内立案。

第十六条　对于不予立案的投诉、申诉、举报，经互联网信息内容管理部门负责人批准后，应将结果告知具名的投诉人、申诉人、举报人，并将不予立案的相关情况作书面记录留存。

对于其他部门移送的案件，决定不予立案的，应当书面告知移送部门。

不予立案或者撤销立案的，承办人应当制作《不予立案审批表》（格式见附件3）或者《撤销立案审批表》（格式见附件4），报互联网信息内容管理部门负责人批准。

第十七条　办案人员有下列情形之一的，应当自行回避；当事人也有权申请办案人员回避：

（一）是本案的当事人或者当事人的近亲属；

（二）与本案有直接利害关系；

（三）与本案当事人有其他关系，可能影响案件公正处理。

办案人员的回避由互联网信息内容管理部门负责人决定。当事人对决定不服的，可以申请复议一次。

回避决定作出前，被申请回避人员不停止对案件的调查处理。

第四章 调查取证

第十八条 互联网信息内容管理部门进行案件调查取证时，执法人员不得少于两人，并应当出示执法证。必要时，也可以聘请专业人员进行协助。

首次向案件当事人收集、调取证据的，应当告知其有申请办案人员回避的权利。

向有关单位、个人收集、调取证据时，应当告知其有如实提供证据的义务。被调查对象或者有关人员应当如实回答询问并协助、配合调查，及时提供依法应当保存的互联网信息服务提供者发布的信息、用户发布的信息、日志信息等相关材料，不得阻挠、干扰案件的调查。

执法人员对在办案过程中知悉的国家秘密、商业秘密、个人隐私、个人信息应当依法保密。

第十九条 互联网信息内容管理部门在办案过程中需要其他地区互联网信息内容管理部门协助调查、取证的，应当出具委托调查函。受委托的互联网信息内容管理部门应当积极予以协助，一般应当在接到委托调查函之日起十五个工作日内完成相关工作；需要延期完成或者无法协助的，应当及时函告委托的互联网信息内容管理部门。

第二十条 办案人员应当依法收集与案件有关的证据，包括电子数据、视听资料、书证、物证、证人证言、当事人的陈述、鉴定意见、检验报告、勘验笔录、现场笔录、询问笔录等。

电子数据是指案件发生过程中形成的，以数字化形式存储、处理、传输的，能够证明案件事实的数据，包括但不限于网页、博客、微博客、即时通信工具、论坛、贴吧、网盘、电子邮件、网络后台等方式承载的电子信息或文件。电子数据主要存在于计算机设备、移动通信设备、互联网服务器、移动存储设备、云存储系统等电子设备或存储介质中。

视听资料包括录音资料和影像资料。

存储在电子介质中的录音资料和影像资料，适用电子数据的规定。

第二十一条　互联网信息内容管理部门在立案前调查或者检查过程中依法取得的证据，可以作为认定事实的依据。通过网络巡查等技术手段获取的、具有可靠性的电子数据可以作为认定事实的依据。

电子数据的收集、提取应当符合法律法规规章、国家标准、行业标准和技术规范，并保证所收集、提取的电子数据的完整性、合法性、真实性、关联性。否则，不得作为认定事实的依据。

第二十二条　互联网信息内容管理部门在立案前，可以采取询问、勘验、检查、鉴定、调取证据材料等措施，不得限制初查对象的人身、财产权利。

互联网信息内容管理部门在立案后，可以对物品、设施、场所采取先行登记保存等措施。

第二十三条　互联网信息内容管理部门在办案过程中，应当及时询问证人。

执法人员进行询问的，应当制作《询问笔录》（格式见附件5），载明时间、地点、有关事实、经过等内容。询问笔录应当交询问对象或者有关人员核对并确认。

第二十四条　互联网信息内容管理部门对于涉及互联网信息内容违法的场所、物品、网络应当进行勘验、检查，及时收集、固定书证、物证、视听资料以及电子数据。

第二十五条　互联网信息内容管理部门可以委托司法鉴定机构就案件中的专门性问题出具鉴定意见；不属于司法鉴定范围的，可以委托有能力或者条件的机构出具检测报告或者检验报告。

第二十六条　互联网信息内容管理部门可以向有关单位、个人调取能够证明案件事实的证据材料，并且可以根据需要拍照、录像、复印和复制。

调取的书证、物证应当是原件、原物。调取原件、原物确有困难的，可以由提交证据的有关单位、个人在复制品上签字或者盖章，注明“此件由×××提供，经核对与原件（物）无异”的字样或者文字说明，并注明出证日期、证据出处，并签名或者盖章。

调取的视听资料、电子数据应当是原始载体或备份介质。调取原始载体或备份介质确有困难的，可以收集复制件，并注明制作方法、制作时间、制作人等情况。调取声音资料的应当附有该声音内容的文字记录。

第二十七条　在证据可能灭失或者以后难以取得的情况下，经互联网信息内容管理部门负责人批准，执法人员可以依法对涉案计算机、服务器、硬盘、移动存储设备、存储卡等涉嫌实施违法行为的物品先行登记保存，制作《登记保存物品清单》（格式见附件6），向当事人出具《登记保存物品通知书》（格式见附件7）。先行登记保存期间，当事人或有关人员不得损毁、销毁或者非法转移证据。

互联网信息内容管理部门实施先行登记保存时，应当通知当事人或者持有人到场，并在现场笔录中对采取的相关措施情况予以记载。

第二十八条　互联网信息内容管理部门对先行登记保存的证据，应当在七日内作出以下处理决定：

（一）需要采取证据保全措施的，采取记录、复制、拍照、录像等证据保全措施后予以返还；

（二）需要检验、检测、鉴定的，送交具有相应资质的机构检验、检测、鉴定；

（三）违法事实成立的，依法应当予以没收的，作出行政处罚决定，没收违法物品；

（四）违法事实不成立，或者违法事实成立但依法不应当予以没收的，解除先行登记保存。

逾期未作出处理决定的，应当解除先行登记保存。

第二十九条　为了收集、保全电子数据，互联网信息内容管理部门可以采取现场取证、远程取证，责令有关单位、个人固定和提交等措施。

现场取证、远程取证结束后应当制作《电子取证工作记录》（格式见附件8）。

第三十条　执法人员在调查取证过程中，应当要求当事人在笔录或者其他材料上签字、捺指印、盖章或者以其他方式确认。当事人拒绝到场，拒绝签字、捺指印、盖章或者以其他方式确认，或者无法找到当事人的，应当由两名执法人员在笔录或者其他材料上注明原因，并邀请有关人员作为见证人签字或者盖章，也可以采取录音、录像等方式记录。

第三十一条　案件调查终结后，承办人应当撰写《案件处理意见报告》（格式见附件9）：

为违法事实成立，应当予以行政处罚的，撰写《案件处理意见报告》，草拟行政处罚建议书。

有下列情形之一的，撰写《案件处理意见报告》，说明拟作处理的理由，报互联网信息内容管理部门负责人批准后根据不同情况分别处理：

（一）认为违法事实不成立，应当予以销案的；

（二）违法行为情节轻微，没有造成危害后果，不予行政处罚的；

（三）案件不属于本机关管辖，应当移送其他行政机关管辖的；

（四）涉嫌犯罪，应当移送司法机关的。

第三十二条　互联网信息内容管理部门进行案件调查时，对已有证据证明违法事实成立的，应当出具责令改正通知书，责令当事人改正或者限期改正违法行为。

第五章　听证、约谈

第三十三条　互联网信息内容管理部门作出吊销互联网新闻信息服务许可证、较大数额罚款等行政处罚决定之前，应当告知当事人有要求举行听证的权利。当事人要求听证的，应当在被告知后三日内提出，互联网信息内容管理部门应当组织听证。当事人逾期未要求听证的，视为放弃权利。

第三十四条　互联网信息内容管理部门应当在听证的七日前，将《举行听证通知书》（格式见附件 10）送达当事人，告知举行听证的时间、地点。

听证应当制作《听证笔录》（格式见附件 11），交当事人审核无误后签字或者盖章。

第三十五条　互联网信息内容管理部门对互联网信息服务提供者违法行为作出行政处罚决定前，可以根据有关规定对其实施约谈，谈话结束后制作《执法约谈笔录》（格式见附件 12）。

第六章　处罚决定、送达

第三十六条　互联网信息内容管理部门作出行政处罚决定之前，应当填写《行政处罚意见告知书》（格式见附件13），告知当事人拟作出行政处罚的违法事实、处罚的理由和依据，以及当事人依法享有的陈述、申辩权。

互联网信息内容管理部门应当充分听取当事人的陈述和申辩。当事人提出的事实、理由或者证据经复核成立的，应当采纳。当事人在接到告知书之日起三个工作日内未提出陈述、申辩的，视为放弃权利。

互联网信息内容管理部门不得因当事人陈述、申辩而加重处罚。

第三十七条　拟作出的行政处罚决定应当报互联网信息内容管理部门负责人审查。互联网信息内容管理部门负责人根据不同情况，分别作出如下决定：

（一）确有应受行政处罚的违法行为的，根据情节轻重及具体情况，作出行政处罚决定；

（二）违法行为轻微，依法可以不予行政处罚的，不予行政处罚；

（三）违法事实不能成立的，不予行政处罚；

（四）违法行为已构成犯罪的，移送司法机关。

第三十八条　对情节复杂或者重大违法行为给予较重的行政处罚，互联网信息内容管理部门负责人应当集体讨论决定。集体讨论决定的过程应当有书面记录。

情节复杂、重大违法行为标准由互联网信息内容管理部门根据实际情况确定。

第三十九条　互联网信息内容管理部门作出行政处罚决定，应当制作统一编号的《行政处罚决定书》（格式见附件14）。

《行政处罚决定书》应当载明下列事项：

（一）当事人的姓名或者名称、地址等基本情况；

（二）违反法律、法规或者规章的事实和证据；

（三）行政处罚的种类和依据；

（四）行政处罚的履行方式和期限；

（五）不服行政处罚决定，申请行政复议或者提起行政诉讼的途径和期限；

（六）作出行政处罚决定的互联网信息内容管理部门名称和作出决定的日期。

行政处罚决定中涉及没收有关物品的，还应当附没收物品凭证。

《行政处罚决定书》应当盖有作出行政处罚决定的互联网信息内容管理部门的印章。

第四十条　《行政处罚决定书》应当在宣告后当场交付当事人；当事人不在场的，应当在七日内依照民事诉讼法的有关规定，将《行政处罚决定书》送达当事人。

第七章　执行与结案

第四十一条　《行政处罚决定书》送达后，当事人应当在处罚决定的期限内予以履行。

当事人确有经济困难，可以提出延期或者分期缴纳罚款的申请，并提交书面材料。经案件承办人审核，确定延期或者分期缴纳罚款的期限和金额，报互联网信息内容管理部门负责人批准后执行。

第四十二条　互联网信息服务提供者违反相关法律法规规章，需由电信主管部门关闭网站、吊销互联网信息服务增值电信业务经营许可证或者取消备案的，转电信主管部门处理。

第四十三条　当事人对互联网信息内容管理部门给予的行政处罚享有陈述、申辩权，对行政处罚决定不服的，有权依法申请行政复议或者提起行政诉讼。

当事人对行政处罚决定不服，申请行政复议或者提起行政诉讼的，行政处罚不停止执行，但法律另有规定的除外。

第四十四条　当事人在法定期限内不申请行政复议或者提起行政诉讼，又不履行行政处罚决定的，作出处罚决定的互联网信息内容管理部门可以申请人民法院强制执行。

互联网信息内容管理部门申请人民法院强制执行前应当填写《履行行政处罚决定催告书》（格式见附件15），书面催告当事人履行义务，并告知履行义务的期限和方式、依法享有的陈述和申辩权，涉及加处罚款的，应当有明确的金额和给付方式。

加处罚款的总数额不得超过原罚款数额。

当事人进行陈述、申辩的，互联网信息内容管理部门应当对当事人提出的事实、理由和证据进行记录、复核，并制作陈述申辩笔录、陈述申辩复核意见书。当事人提出的事实、理由或者证据成立的，互联网信息内容管理部门应当采纳。

《履行行政处罚决定催告书》送达十个工作日后，当事人仍未履行处罚决定的，互联网信息内容管理部门可以申请人民法院强制执行，并填写《行政处罚强制执行申请书》（格式见附件16）。

第四十五条　行政处罚决定履行或者执行后，办案人应当填写《行政处罚结案报告》（格式见附件17），将有关案件材料进行整理装订，归档保存。

第八章　附则

第四十六条　本规定中的期限以时、日计算，开始的时和日不计算在内。期限届满的最后一日是节假日的，以节假日后的第一日为届满的日期。法律、法规另有规定的除外。

第四十七条　本规定中的“以上”“以下”“以内”，均包括本数。

第四十八条　国家互联网信息内容管理部门负责制定行政执法所适用的文书格式范本。各省、自治区、直辖市互联网信息内容管理部门可以参照文书格式范本，制定本行政区域行政处罚所适用的文书格式并自行印制。

第四十九条　本规定自2017年6月1日起施行。

附件：

1. 案件来源登记表
2. 立案审批表
3. 不予立案审批表
4. 撤销立案审批表
5. 询问笔录
6. 登记保存物品清单
7. 登记保存物品通知书
8. 电子取证工作记录
9. 案件处理意见报告
10. 举行听证通知书
11. 听证笔录
12. 执法约谈笔录
13. 行政处罚意见告知书
14. 行政处罚决定书
15. 履行行政处罚决定催告书
16. 行政处罚强制执行申请书
17. 行政处罚结案报告

附录三 互联网用户账号名称管理规定

（国家互联网信息办公室2015年2月4日发布）

第一条 为加强对互联网用户账号名称的管理，保护公民、法人和其他组织的合法权益，根据《国务院关于授权国家互联网信息办公室负责互联网信息内容管理工作的通知》和有关法律、行政法规，制定本规定。

第二条 在中华人民共和国境内注册、使用和管理互联网用户账号名称，适用本规定。

本规定所称互联网用户账号名称，是指机构或个人在博客、微博客、即时通信工具、论坛、贴吧、跟帖评论等互联网信息服务中注册或使用的账号名称。

第三条 国家互联网信息办公室负责对全国互联网用户账号名称的注册、使用实施监督管理，各省、自治区、直辖市互联网信息内容主管部门负责对本行政区域内互联网用户账号名称的注册、使用实施监督管理。

第四条 互联网信息服务提供者应当落实安全管理责任，完善用户服务协议，明示互联网信息服务使用者在账号名称、头像和简介等注册信息中不得出现违法和不良信息，配备与服务规模相适应的专业人员，对互联网用户提交的账号名称、头像和简介等注册信息进行审核，对含有违法和不良信息的，不予注册；保护用户信息及公民个人隐私，自觉接受社会监督，及时处理公众举报的账号名称、头像和简介等注册信息中的违法和不良信息。

第五条 互联网信息服务提供者应当按照“后台实名、前台自愿”

的原则，要求互联网信息服务使用者通过真实身份信息认证后注册账号。

互联网信息服务使用者注册账号时，应当与互联网信息服务提供者签订协议，承诺遵守法律法规、社会主义制度、国家利益、公民合法权益、公共秩序、社会道德风尚和信息真实性等七条底线。

第六条 任何机构或个人注册和使用的互联网用户账号名称，不得有下列情形：

（一）违反宪法或法律法规规定的；

（二）危害国家安全，泄露国家秘密，颠覆国家政权，破坏国家统一的；

（三）损害国家荣誉和利益的，损害公共利益的；

（四）煽动民族仇恨、民族歧视，破坏民族团结的；

（五）破坏国家宗教政策，宣扬邪教和封建迷信的；

（六）散布谣言，扰乱社会秩序，破坏社会稳定的；

（七）散布淫秽、色情、赌博、暴力、凶杀、恐怖或者教唆犯罪的；

（八）侮辱或者诽谤他人，侵害他人合法权益的；

（九）含有法律、行政法规禁止的其他内容的。

第七条 互联网信息服务使用者以虚假信息骗取账号名称注册，或其账号头像、简介等注册信息存在违法和不良信息的，互联网信息服务提供者应当采取通知限期改正、暂停使用、注销登记等措施。

第八条 对冒用、关联机构或社会名人注册账号名称的，互联网信息服务提供者应当注销其账号，并向互联网信息内容主管部门报告。

第九条 对违反本规定的行为，由有关部门依照相关法律规定处理。

第十条 本规定自2015年3月1日施行。

参考文献

一、著作

[1]［美］米歇尔·沃尔德罗普. 复杂［M］. 陈玲，译. 北京：生活·读书·新知三联书店，1997.

[2]［美］约翰·霍兰. 涌现——从混沌到有序［M］. 陈禹，等，译. 上海：上海科技教育出版社，2006.

[3]［美］约翰·H. 霍兰. 隐秩序——适应性造就复杂性［M］. 周晓牧，等，译. 上海：上海科技教育出版社，2000.

[4]［美］克莱·舍基. 未来是湿的：无组织的组织力量［M］. 胡泳，沈满琳，译. 北京：中国人民大学出版社，2009.

[5]［美］曼纽尔·卡斯特. 网络星河：对互联网、商业和社会的反思［M］. 郑波，武炜，译. 北京：社会科学文献出版社，2007.

[6]［美］曼纽尔·卡斯特. 网络社会：跨文化的视角［M］. 周凯，译. 北京：社会科学文献出版社，2009.

[7]［美］曼纽尔·卡斯特. 网络社会的崛起［M］. 夏铸九，等，译. 北京：社会科学文献出版社，2003.

[8]［美］凯斯·桑斯坦. 信息乌托邦：众人如何生产知识［M］. 毕竟悦，译. 北京：法律出版社，2008.

[9] [美] 阿尔文·托夫勒. 权力的转移 [M]. 吴迎春，傅凌，译. 北京：中信出版社，2006.

[10] [比] 普利高津，[法] 斯唐热. 从混沌到有序 [M]. 曾庆宏，沈小峰，译. 上海：上海译文出版社，2005.

[11] [比] 伊利亚·普利高津. 确定性的终结 [M]. 湛敏，译. 上海：上海科技教育出版社，2009.

[12] [法] 米歇尔·福柯. 规训与惩罚 [M]. 刘北成，杨远婴，译. 北京：生活·读书·新知三联书店，2004.

[13] [美] 邓肯·J. 瓦茨. 小小世界：有序与无序之间的网络动力学 [M]. 陈禹，译. 北京：中国人民大学出版社，2006.

[14] [美] 马尔科姆·格拉德威尔. 引爆点 [M]. 钱清，覃爱冬，译. 北京：中信出版社，2009.

[15] [美] 凯斯·桑斯坦. 网络共和国：网络社会中的民主问题 [M]. 黄维明，译. 上海：上海世纪出版集团，2003.

[16] [美] 卡斯·R. 桑斯坦. 极端的人群：群体行为心理学 [M]. 尹宏毅，郭彬彬，译. 北京：新华出版社，2010.

[17] [瑞士] 维雷娜·卡斯特. 怒气与攻击 [M]. 章国锋，译. 北京：生活·读书·新知三联书店，2003.

[18] [美] 乔纳森·特纳，简·斯戴兹. 情感社会学 [M]. 孙俊才，文军，译. 上海：上海人民出版社，2007.

[19] 朱海松. 微博的碎片化传播：网络传播的蝴蝶效应与路径依赖 [M]. 广州：广东经济出版社，2013.

[20] 党生翠. 网络舆论蝴蝶效应研究：从“微内容”到舆论风暴 [M]. 北京：中国人民大学出版社，2013.

[21] 邱林川，陈韬文. 新媒体事件研究 [M]. 北京：中国人民大学出版社，2011.

[22] 蔡文之. 网络传播革命：权力与规制 [M]. 上海：上海人民出版社，2011.

[23] 师曾志，金锦萍. 新媒介赋权：国家与社会的协同演进 [M]. 北京：社会科学文献出版社，2013.

[24] 朱海松. 网络的破碎化传播 [M]. 北京：中国市场出版社，2010.

[25] 胡百精. 危机传播管理 [M]. 北京：中国传媒大学出版社，2006.

[26] 邹建华. 突发事件舆论引导策略 [M]. 北京：中共中央党校出版社，2009.

[27] 曾庆香，李蔚. 群体性事件：信息传播与政府应对 [M]. 北京：中国书籍出版社，2010.

[28] 杜骏飞，等. 政府网络危机 [M]. 北京：中国发展出版社，2011.

[29] 李永刚. 我们的防火墙：网络时代的表达与监管 [M]. 桂林：广西师范大学出版社，2009.

[30] 雷霞. 移动新媒体时代的舆论引导研究 [M]. 北京：中国广播电视出版社，2014.

[31] 雷霞. 新媒体时代抗议性谣言传播及其善治策略研究 [M]. 北京：中国社会科学出版社，2016.

[32] 余秀才. 网络舆论：起因、流变与引导 [M]. 北京：中国社会科学出版社，2012.

[33] 周裕琼. 当代中国社会的网络谣言研究 [M]. 北京：商务印书馆，2012.

[34] 胡百精. 中国危机管理报告 2006 [M]. 北京：中国人民大学出版社，2007.

[35] 刘文富. 网络政治——网络社会与国家治理 [M]. 北京: 商务印书馆, 2004.

[36] 蔡前. 以互联网为媒介的集体行动研究 [M]. 南昌: 江西人民出版社, 2009.

[37] 罗坤瑾. 从虚拟幻象到现实图景: 网络舆论与公共领域的构建 [M]. 北京: 中国社会科学出版社, 2012.

[38] 高红玲. 网络舆情与社会稳定 [M]. 北京: 新华出版社, 2011.

[39] 邹军. 看得见的"声音"——解码网络舆论 [M]. 北京: 中国广播电视出版社, 2011.

[40] [美] 艾尔东·莫里斯, 卡洛尔·麦克拉吉·缪勒. 社会运动理论的前沿领域 [M]. 刘能, 译. 北京: 北京大学出版社, 2002.

[41] [美] 西德尼·塔罗. 运动中的力量: 社会运动与斗争政治 [M]. 吴庆宏, 译. 南京: 译林出版社, 2005.

[42] [美] 道格·麦克亚当, 西德尼·塔罗, 查尔斯·蒂利. 斗争的动力 [M]. 李义中, 屈平, 译. 南京: 译林出版社, 2006.

[43] [美] 西德尼·塔罗等. 社会运动论 [M]. 张等文, 孔兆政, 译. 长春: 吉林人民出版社, 2011.

[44] 杜骏飞. 危如朝露: 2010—2011 中国网络舆情报告 [M]. 杭州: 浙江大学出版社, 2011.

[45] 人民网舆情监测室. 如何应对网络舆情? ——网络舆情分析师手册 [M]. 北京: 新华出版社, 2011.

[46] 郑琳. 首席舆情官: 2013—2014 热点舆情响应百例 [M]. 北京: 电子工业出版社, 2015.

[47] 丁俊杰, 张树庭. 网络舆情及突发公共事件危机管理经典案例 [M]. 北京: 中共中央党校出版社, 2010.

[48] 谢新洲. 舆论引擎：网络事件透视 [M]. 北京：北京大学出版社，2013.

[49] 周滨. “微博问政”与舆情应对 [M]. 北京：人民出版社，2012.

[50] 张健，谷鹏，李爽. 民意表达与危机治理：2010 年网络舆论热点评析 [M]. 北京：中国书籍出版社，2012.

[51] 胡泳. 众声喧哗：网络时代的个人表达与公共讨论 [M]. 桂林：广西师范大学出版社，2008.

[52] 胡蕊. 网络表达：众意与民意 [M]. 北京：北京理工大学出版社，2014.

[53] 王来华. 舆情支持与舆情危机 [M]. 天津：天津社会科学院出版社，2013.

[54] 夏雨禾. 微博空间的生产实践：理论建构与实证研究 [M]. 北京：中国社会科学出版社，2013.

[55] 中共中央宣传部舆情信息局. 舆情信息汇集分析机制研究 [M]. 北京：学习出版社，2006.

[56] 中共中央宣传部舆情信息局. 舆情信息工作概论 [M]. 北京：学习出版社，2006.

[57] 匡文波. 新媒体舆论：模型、实证、热点及展望 [M]. 北京：中国人民大学出版社，2014.

[58] 毕宏音. 微博诉求表达与虚拟社会管理 [M]. 北京：中国社会科学出版社，2014.

[59] 唐芳贵. 网络群体性事件的心理学研究 [M]. 长沙：中南大学出版社，2014.

[60] [美] 霍弗. 狂热分子：码头工人哲学家的沉思录 [M]. 梁永安，译. 桂林：广西师范大学出版社，2008.

［61］李建飞．中国网络舆情风云［M］．北京：中国发展出版社，2013.

［62］吴兴民．网络集体行动的动员机制分析［M］．武汉：华中科技大学出版社，2015.

［63］郑永年．技术赋权：中国的互联网、国家与社会［M］．北京：东方出版社，2013.

［64］薛澜，张强．危机管理［M］．北京：清华大学出版社，2003.

［65］［美］邓肯·J. 瓦茨．六度分隔：一个相互连接时代的科学［M］．陈禹，译．北京：中国人民大学出版社，2011.

［66］邓建国．强大的弱连接——中国 Web2.0 网络使用行为与网民社会资本关系研究［M］．上海：复旦大学出版社，2011.

［67］张燕．Web2.0 时代的网络民意：表达与限制［M］．上海：复旦大学出版社，2014.

［68］郑素侠．网络时代的社会资本——理论分析与经验考察［M］．上海：复旦大学出版社，2011.

［69］庞宇．网络突发事件预防与应对［M］．北京：中国法制出版社，2015.

［70］赵来军，等．谣言传播规律与突发事件应对策略研究［M］．北京：科学出版社，2015.

［71］李红．网络公共事件：符号、对话与社会认同［M］．北京：中国社会科学出版社，2015.

［72］周海晏．新社会运动视域下中国网络环保行动研究——2007—2012 年厦门、大连、宁波三地 PX 事件网络文本分析［M］．上海：华东理工大学出版社，2014.

［73］朱国圣．突发事件网络舆情应对策略［M］．北京：新华出

版社，2014.

[74] 人民网舆情监测室. 网络舆情热点面对面 [M]. 北京：新华出版社，2012.

[75] 王国华，曾润喜，方付建. 解码网络舆情 [M]. 武汉：华中科技大学出版社，2011.

[76] 马骏，等. 中国的互联网治理 [M]. 北京：中国发展出版社，2011.

[77] 叶皓. 突发事件的舆论引导 [M]. 南京：江苏人民出版社，2009.

[78] 李彪. 舆情：山雨欲来——网络热点事件传播的空间结构和时间结构 [M]. 北京：人民日报出版社，2011.

[79] 任贤良. 舆论引导艺术：领导干部如何面对媒体 [M]. 北京：新华出版社，2010.

[80] 刘京林等. 传播中的心理效应解析 [M]. 北京：中国传媒大学出版社，2009.

[81] [美] 奥尔波特. 谣言心理学 [M]. 刘水平，梁元元，黄鄙，译. 沈阳：辽宁教育出版社，2003.

[82] [法] 古斯塔夫·勒庞. 乌合之众——大众心理研究 [M]. 冯克利，译. 北京：中央编译出版社，2011.

[83] [美] 马克斯韦尔，麦库姆斯. 议程设置：大众媒介与舆论 [M]. 郭镇之，徐培喜，译. 北京：北京大学出版社，2010.

[84] [英] 布赖恩·麦克奈尔. 政治传播学引论 [M]. 殷祺，译. 北京：新华出版社，2005.

[85] [英] 丹尼斯·麦奎尔. 大众传播模式论 [M]. 祝建华，译. 上海：上海译文出版社，2008.

[86] [英] 安德鲁·查德威克. 互联网政治学：国家、公民与新

传播技术［M］. 任孟山，译. 北京：华夏出版社，2010.

［87］蔡静. 流言：阴影中的社会传播［M］. 北京：中国广播电视出版社，2008.

［88］［美］卡斯·R. 桑斯坦. 谣言［M］. 张楠迪杨，译. 北京：中信出版社，2010.

［89］Gamson W A. Talking Politics［M］. New York：Cambridge University Press，1992.

［90］Goffman E. Frame Analysis：An essay on the organization of experience［M］. Boston，MA：Northeastern University Press，1974.

［91］Cook T. Governing with the News：The News Media as a Political Institution. 2nd edition［M］. Chicago：The University of Chicago Press，2005.

［92］Fearn – Banks K. Crisis Communication：A Case Book Approach. 4th edition［M］. New York：Routledge，2010.

［93］Gurak L J. Persuasion and Privacy in Cyberspace：The Online Protests over Lotus Market Place and the Clipper Chip［M］. New Haven：Yale University Press，1997.

［94］Mccaughey M，AYERS M D. Ayers. （eds）. Cyberactivism：Online Activism in Theory and Practic［M］. New York：Routledge，2003.

［95］Coombs W T，HOLLADAY S J. （eds.）. The Handbook of Crisis Communication［M］. Malden，MA：Willey – Blackwell，2012.

二、论文

［1］徐勇. 网络群体性事件演变及应对研究——基于公众情感演化的视角［J］. 理论月刊，2016（1）.

［2］郝其宏. 网络群体性事件的成因和对策——基于社会心理的

分析视角［J］. 福建论坛（人文社会科学版），2016（3）.

［3］刘卉. 法治维度下网络群体性事件辨析［J］. 河南社会科学，2015（12）.

［4］江凌. 大众狂欢语境下的网络群体性事件及其治理［J］. 河南大学学报（社会科学版），2016（3）.

［5］邓春林，杨柳，王涵之. 高校网络群体性事件舆情演化规律初探——基于多项式拟合的定量分析［J］. 现代情报，2016（5）.

［6］邓春林，何振，杨柳. 基于SIS模型的网络群体性事件传播及防控研究［J］. 情报杂志，2016（5）.

［7］郝其宏. 网络群体性事件的风险管理［J］. 河南师范大学学报（哲学社会科学版），2016（3）.

［8］钟之静. 网络群体性事件中公众修辞行为的传播语境与框架建构［J］. 新闻界，2016（5）.

［9］刘卉. 网络群体性事件的法治化治理研究［J］. 天津行政学院学报，2016（4）.

［10］张润莲，兰月新，王彩华，等. 网络群体性事件演化博弈分析及对策研究［J］. 图书与情报，2016（4）.

［11］杨尊琦，张琳. 网络多方冲突演化博弈行为策略研究［J］. 情报杂志，2016（7）.

［12］费久浩. 民粹主义视阈下网络群体性事件的演化机制研究［J］. 电子政务，2016（6）.

［13］董天策. 从网络集群行为到网络集体行动——网络群体性事件及相关研究的学理反思［J］. 新闻与传播研究，2016（2）.

［14］张晋. 基于公共领域视阈下的网络群体性事件的公共价值研究［J］. 新闻知识，2014（11）.

［15］张继东，李会杰. 高校网络群体性事件成因及预防对策

[J]. 学校党建与思想教育，2015（2）.

[16] 翟霞，冀翠萍. 网络与现实融合视域下实现虚拟社会善治的方式与路径 [J]. 理论学刊，2014（12）.

[17] 郝其宏. 网络群体性事件的生成与治理——以社会情绪表达为分析视角 [J]. 广西社会科学，2014（12）.

[18] 郝其宏. 文化冲突视角下的网络群体性事件分析 [J]. 中国人民大学学报，2015（1）.

[19] 向长艳. 新媒体下地方政府网络舆论引导策略研究 [J]. 领导科学，2015（5）.

[20] 许敏. 网络群体性事件的演进逻辑与生成机理 [J]. 宁夏社会科学，2015（2）.

[21] 卞清，高波. 从“围观”到“行动”：情感驱策、微博互动与理性复归 [J]. 新闻与传播研究，2012（6）.

[22] 崔智慧. 新媒体时代网络舆情的分析及引导策略 [J]. 青年记者，2015（5）.

[23] 苗伟山. 新媒体与网络群体性事件——访哈佛大学燕京学社社长裴宜理教授 [J]. 学术交流，2015（3）.

[24] 叶战备. 中国虚拟社会管理的阙如及其进路 [J]. 中共天津市委党校学报，2015（1）.

[25] 赵俊，霍良安. 两个舆论场中的网络群体性事件交互演化模型 [J]. 软科学，2015（3）.

[26] 凌宏. 网络群体性事件的行动逻辑探微 [J]. 新闻战线，2015（11）.

[27] 苗伟山，隋岩. 中国网络群体事件研究的全球学术地图——基于 CSSCI、TSSCI 和 SSCI 数据库 2003—2014 年的实证研究 [J]. 国际新闻界，2015（1）.

[28] 王程. 网络群体性事件反思及应对 [J]. 人民论坛, 2015(23).

[29] 高天. 新媒体时代下应对网络突发群体性事件研究 [J]. 山东社会科学, 2015 (9).

[30] 江凌. 大众狂欢语境下的网络群体性事件解析 [J]. 新闻爱好者, 2015 (9).

[31] 霍凤宁, 禹婷婷, 孙宝文. 网络群体极化的判定、测量与干预策略研究 [J]. 电子政务, 2015 (10).

[32] 于蓉. 试析大学生网络群体性事件的演化机理 [J]. 高等教育研究, 2015 (10).

[33] 丁国峰. 我国网络群体性事件法治的路径选择 [J]. 行政论坛, 2015 (10).

[34] 郭跃军, 侯江雷. 大数据时代网络群体性事件治理 [J]. 人民论坛, 2015 (29).

[35] 李建标, 王鹏程, 巨龙. 信息瀑布——序贯决策中行为匹配的实验研究 [J]. 管理评论, 2015 (10).

[36] 唐霞. 高校网络群体性事件高发类型分析及引导研究 [J]. 学校党建与思想教育, 2014 (1).

[37] 郭彦森. 网络政治参与研究的进程、议题和趋势 [J]. 郑州大学学报 (哲学社会科学版), 2014 (1).

[38] 李晓云. 公共领域视角下的网络群体性事件价值研究 [J]. 新闻界, 2014 (2).

[39] 李华伟. 网络群体性事件应对策略选择 [J]. 人民论坛, 2014 (8).

[40] 郭彦森. 网络群体性事件的基本特征和传播路径——以河南省为例 [J]. 学习论坛, 2014 (2).

[41] 顾金喜. “沉默的螺旋”效应与网络群体性事件应对 [J]. 中共浙江省委党校学报, 2014 (1).

[42] 高芙蓉. 网络群体性事件的生成机制及对策研究 [J]. 郑州大学学报 (哲学社会科学版), 2014 (3).

[43] 王磊, 韦链. 大学生网络群体性事件的心理形成机制研究 [J]. 教育研究与实验, 2014 (1).

[44] 秦汉. 试析新媒体语境下虚实交织的网络群体性事件发生机理及应对措施——以启东事件为例 [J]. 青海社会科学, 2014 (1).

[45] 郝其宏. 仇富型网络群体性事件的成因及其治理 [J]. 齐鲁学刊, 2014 (2).

[46] 李兰. “网络集群行为”: 从概念建构到价值研判——知识社会学的分析视角 [J]. 当代传播, 2014 (2).

[47] 梁霄. 反腐型网络群体性事件研究 [J]. 云南行政学院学报, 2014 (3).

[48] 戴春林, 章秀英. 高校学生网络群体性事件参与的动机结构研究 [J]. 浙江师范大学学报 (社会科学版), 2014 (3).

[49] 白炳泉, 高娟. 领导者应对网络群体性事件的舆情管控研究 [J]. 领导科学, 2014 (3).

[50] 方东华, 张祥浩. 传统媒体应对网络群体性事件的误区及对策 [J]. 社会科学家, 2014 (3).

[51] 吴雨蓉. “帮汪峰上头条”行为中的网民心理 [J]. 青年记者, 2014 (14).

[52] 王惠琴, 李诗文. 基于“社会燃烧理论”的网络群体性事件防治策略 [J]. 理论导刊, 2014 (5).

[53] 周素珍. 网络群体性事件网络舆情应对策略研究 [J]. 学术论坛, 2014 (4).

[54] 孟利艳. 近年网络群体性事件的运作规律探析 [J]. 中国青年研究, 2014 (10).

[55] 林溪声. 青年网络群体性事件的发生逻辑、表征及预警——以“69 圣战”为例 [J]. 当代传播, 2014 (3).

[56] 刘堂灯. 论政府信任视角下的网络群体性事件治理 [J]. 电子政务, 2014 (10).

[57] 郝其宏. 网络群体性事件的演化过程分析 [J]. 电子政务, 2014 (10).

[58] 朱婉菁. 解析网络群体性事件的政治过程 [J]. 东北大学学报 (社会科学版), 2014 (5).

[59] 王井云. 青年参与网络群体性事件的社会心理分析 [J]. 青年探索, 2014 (6).

[60] 苗伟山. 中国网络群体性事件: 基于媒体多元互动的分析路径 [J]. 新闻与传播研究, 2014 (7).

[61] 张静, 赵玲, 王欢. 微博用户群体行为复杂性分析的实证研究 [J]. 情报杂志, 2014 (10).

[62] 汤志伟, 杜斐. 网络集群行为的演变规律研究 [J]. 情报杂志, 2014 (10).

[63] 关杨. 网络群体性事件民意诉求机制建设 [J]. 青年记者, 2014 (26).

[64] 胡玉婷, 蒋秋明. 善治视角下网络群体性事件的多元化治理 [J]. 学海, 2013 (6).

[65] 郝其宏. 网络群体性事件与现实群体性事件比较分析 [J]. 电子政务, 2013 (11).

[66] 罗新宇. 网络群体性事件中谣言传播的治理对策 [J]. 青年记者, 2013 (35).

[67] 郝其宏. 仇官型网络群体性事件的成因及治理 [J]. 江苏师范大学学报（哲学社会科学版），2013 (6).

[68] 曾维希，孔波，李媛. 网络群体性事件内在逻辑的 ERI 模型分析 [J]. 重庆大学学报（社会科学版），2013 (1).

[69] 董琳. 法治背景下网络群体性事件防治研究 [J]. 理论与改革，2013 (1).

[70] 李文姣. 网络群体性事件的发展趋势：基于社会问题视角的研究 [J]. 领导科学，2013 (5).

[71] 倪建均. 大学生网络群体性事件社会心理认知研究 [J]. 人民论坛，2013 (5).

[72] 翁铁慧. 网络群体性事件与政府执政能力提升 [J]. 中共中央党校学报，2013 (1).

[73] 周松青. 试论网络群体性事件中个人信息的滥用与救济 [J]. 北京社会科学，2013 (1).

[74] 郝其宏. 网络群体性事件概念解析 [J]. 齐鲁学刊，2013 (1).

[75] 刘秀秀. 网络动员中的国家与社会——以"免费午餐"为例 [J]. 江海学刊，2013 (2).

[76] 李良荣，郑雯，张盛. 网络群体性事件爆发机理："传播属性"与"事件属性"双重建模研究——基于 195 个案例的定性比较分析（QCA）[J]. 现代传播（中国传媒大学学报），2013 (2).

[77] 方然. 政府教育部门应对网络舆情引发高校群体性事件的机制研究 [J]. 电子政务，2013 (2).

[78] 缪金祥. 电子商务档案信息用户引发群体性事件治理策略研究 [J]. 兰台世界，2013 (14).

[79] 郝其宏. 网络群体性事件类型辨析 [J]. 电子政务，2013

(5).

[80] 杨静. 网络群体性事件频发背景下的政府公信力建设 [J]. 中共福建省委党校学报, 2013 (5).

[81] 陆斗细, 杨小云. 近几年来网络围观议政现象研究的回顾与思考 [J]. 湖南师范大学社会科学学报, 2013 (3).

[82] 方东华, 张祥浩. 网络群体性事件的政府治理研究 [J]. 求索, 2013 (5).

[83] 许敏. 网络群体性事件研究: 路径、视角与方法 [J]. 甘肃社会科学, 2013 (4).

[84] 雷晓艳. 风险社会视域下的网络群体性事件: 概念、成因及应对 [J]. 北京工业大学学报 (社会科学版), 2013 (4).

[85] 李燕, 孙颖. 网民正义感: 网络群体性事件中非理性的博弈及消解 [J]. 中国海洋大学学报 (社会科学版), 2013 (3).

[86] 冯波, 赵璐. 坚持适度原则: 面对网络民意的理性选择 [J]. 中国党政干部论坛, 2013 (9).

[87] 印海廷. 论网络群体性事件中政府与意见领袖的互动机制 [J]. 人民论坛, 2013 (26).

[88] 金凡, 孙洋洋, 徐晓莎. 为网络群体性事件建立专题档案的探讨 [J]. 兰台世界, 2013 (26).

[89] 韩运荣, 高顺杰. 微博舆论传播模式探究 [J]. 现代传播 (中国传媒大学学报), 2012 (7).

[90] 谭秀英. 现代政府网络治理的理性思考——评《网络政治参与与政治稳定机制研究》[J]. 太平洋学报, 2013 (10).

[91] 梁宇. 刍议网络群体性事件的成因及演化路径 [J]. 思想教育研究, 2013 (9).

[92] 刘清生. 网络背景下高校突发事件的演变及应对策略 [J].

教育与职业，2013（33）.

［93］罗新宇.网络群体性事件中谣言传播的治理对策［J］.青年记者，2013（32）.

［94］刘春湘，姜耀辉.政府治理网络群体性事件的话语误区与策略［J］.湖南师范大学社会科学学报，2012（1）.

［95］吴新叶.群体性事件下的政府网站：问题与对策——一个比较视角的分析［J］.上海行政学院学报，2012（1）.

［96］傲敦通拉嘎.微传播时代“网络群体性事件”的含义［J］.青年记者，2012（6）.

［97］郭小安，王国华.网络群体性事件的概念辨析及指标设定［J］.情报杂志，2012（2）.

［98］张明军，陈朋.2011年中国社会典型群体性事件的基本态势及学理沉思［J］.当代世界与社会主义，2012（1）.

［99］王霞.高校思想政治工作对网络群体性事件的应对［J］.江苏高教，2012（2）.

［100］王娟.疏导理念下的网络群体性事件治理研究［J］.河南师范大学学报（哲学社会科学版），2012（2）.

［101］李良荣，张盛.互联网与大众政治的勃兴——“新传播革命”研究之一［J］.现代传播（中国传媒大学学报），2012（3）.

［102］刘鹤.“网络群体性事件”的再定义［J］.电子政务，2012（4）.

［103］赵高辉，王梅芳.人际扩散：“织里抗税”事件的微博传播模式分析——基于新浪微博的考察［J］.新闻记者，2012（3）.

［104］唐斌，赵国洪.我国网络群体性事件的主体特征及其影响分析［J］.情报杂志，2012（5）.

［105］汪大海，立军，玛尔哈巴·肖开提.复杂社会网络：群体

性事件生成机理研究的新视角 [J]. 中国行政管理，2012 (6).

[106] 魏佳，黄建军. 刍议舆论监督视角下的网络群体性事件——以某高校撞车门事件为例 [J]. 理论月刊，2012 (6).

[107] 殷聪，黄炜. 网络群体性事件的源信息获取研究初探 [J]. 现代情报，2012 (7).

[108] 许立新. 网络群体性事件的发展态势及应对 [J]. 学校党建与思想教育，2012 (16).

[109] 张佳慧，陈强. 社会燃烧理论视角下网络群体性事件发生的研究 [J]. 电子政务，2012 (7).

[110] 梁俊山. 论中国政府网络群体性事件的电子政务治理途径 [J]. 电子政务，2012 (6).

[111] 邓华国，陈强. 加值理论视角下网络群体性事件发生机制研究 [J]. 电子政务，2012 (6).

[112] 李华俊. 网络群体性事件的组织结构与运行模式 [J]. 江汉论坛，2012 (6).

[113] 吴玥. 意见领袖在微博群体性事件中的角色分析——以"童话大王"郑渊洁微博为例 [J]. 青年记者，2012 (20).

[114] 徐顽强，高梦，熊小刚. 非政府组织参与网络群体性事件处置研究 [J]. 电子政务，2012 (9).

[115] 刘冰玉，凌昊莹. 从社会学视角探讨网络媒介环境中群体性事件的舆情变异 [J]. 现代传播（中国传媒大学学报），2012 (9).

[116] 张传香. 网络群体性事件聚合效应研究 [J]. 现代传播（中国传媒大学学报），2012 (9).

[117] 刘昱. 网络群体性事件及其防范研究 [J]. 领导科学，2012 (29).

[118] 崔建良，朱进. 网络群体性事件应对机制构建 [J]. 人民

论坛，2012（29）.

［119］吴小君，张丽，龚捷. 从网络热点到网络群体性事件的舆论转化机制［J］. 现代传播（中国传媒大学学报），2012（11）.

［120］郭彦森. 网络群体性事件的性质和价值探析［J］. 郑州大学学报（哲学社会科学版），2012（6）.

［121］樊红敏. 互联网与网络草根公益行动达成［J］. 郑州大学学报（哲学社会科学版），2012（6）.

［122］张淑华. 网络围观：新媒体时代的“另类”公民政治参与［J］. 郑州大学学报（哲学社会科学版），2012（6）.

［123］钟瑛. 新媒体传播的社会问题及其规避［J］. 郑州大学学报（哲学社会科学版），2012（6）.

［124］胡正荣. 权利表达与协商民主：辨析新媒体时代的公民网络社会参与［J］. 郑州大学学报（哲学社会科学版），2012（6）.

［125］黄炜，程宝生，杨青. 基于本体的网络群体性事件主题发现研究［J］. 图书情报工作，2012（20）.

［126］黄炜，金雅博，胡昌龙. 网络舆情主题信息采集研究［J］. 现代图书情报技术，2012（11）.

［127］王金水. 网络政治参与与政治稳定机制研究［J］. 政治学研究，2012（4）.

［128］徐武生. 政府—社会—公民的良性互动：政府应对网络群体性事件的善治之道［J］. 当代世界与社会主义，2011（1）.

［129］廖芳玲，顾金喜. 网络群体性事件对政府管理的挑战与应对之策［J］. 浙江学刊，2011（1）.

［130］王璐，方晓强. 网络民粹主义的潜流：2000—2010 年中国网民行为意识的个案分析［J］. 内蒙古社会科学（汉文版），2011（1）.

[131] 罗亮，黄毅峰. 网络群体性事件：转型时期社会危机的新形态 [J]. 求实，2011 (1).

[132] 王应瑞. 网络群体性事件的特征及消解对策 [J]. 人民论坛，2011 (5).

[133] 陈强，徐晓林，王国华. 网络群体性事件演变机制研究 [J]. 情报杂志，2011 (3).

[134] 桑本谦. “钓鱼执法”与“后钓鱼时代”的执法困境网络群体性事件的个案研究 [J]. 中外法学，2011 (1).

[135] 王智军. 应对网络群体性事件须有新思维 [J]. 探索与争鸣，2011 (5).

[136] 张景平. 网络群体性事件的政府决策选择 [J]. 中国报业，2011 (14).

[137] 丁文喜. 网络群体性事件：政府危机管理的新挑战 [J]. 领导科学，2011 (20).

[138] 董天策，王君玲. 网络群体性事件研究的进路、议题与视角 [J]. 现代传播（中国传媒大学学报），2011 (8).

[139] 卢国显. 网络群体性事件风险评估初探 [J]. 中国人民公安大学学报（社会科学版），2011 (3).

[140] 徐玉. 网络群体事件的心理分析及处置对策 [J]. 人民论坛，2011 (26).

[141] 李婷. 网络群体性事件之法学界定 [J]. 新闻知识，2011 (8).

[142] 毛新青. 虚拟世界的仪式狂欢——网络突发事件中的个体自由与社会控制 [J]. 山东社会科学，2011 (8).

[143] 徐家林. 网络群体性事件的非直接利益化分析 [J]. 学海，2011 (6).

[144] 孔洪刚. 论网络群体性事件的法治之维 [J]. 学海, 2011 (6).

[145] 尹慧. 网络群体性事件研究综述 [J]. 前沿, 2011 (23).

[146] 夏燕. 网络群体性事件的政府治理——从"维稳"到"维权" [J]. 社会科学家, 2011 (11).

[147] 刘春湘, 姜耀辉. 话语理论视角下政府应对网络群体性事件的善治之道 [J]. 情报杂志, 2011 (12).

[148] 任爱红. 大学生网络自发秩序行为研究综述 [J]. 教育与职业, 2011 (35).

[149] 王仕勇. 网络群体性事件: 集合行为与社会问题 [J]. 新闻界, 2011 (9).

[150] 夏学銮. 网络社会学建构 [J]. 北京大学学报 (哲学社会科学版), 2004 (1).

[151] 李金龙, 黄峤. 挑战与应对: 网络群体性事件下的政府信息管理 [J]. 湖南师范大学社会科学学报, 2010 (1).

[152] 李苏楠. 网络群体性事件的应对 [J]. 中国党政干部论坛, 2010 (4).

[153] 张宏, 姜健, 李纪文. 高校网络群体性事件应对策略浅论 [J]. 学校党建与思想教育, 2010 (11).

[154] 孙静. 网络群体性事件参与者心理特点与疏导 [J]. 中国人民公安大学学报 (社会科学版), 2010 (2).

[155] 孙晓晖. 网络群体性事件中执政公信力的流失及其防范——基于社会动员的分析视角 [J]. 理论与改革, 2010 (4).

[156] 王大为. 网络时代的社会管理——两岸四地警务合作的机遇与挑战 [J]. 中国人民公安大学学报 (社会科学版), 2010 (3).

[157] 姜健, 张宏, 高臬. 高校网络群体性事件现状与原因分析

[J]. 现代教育管理, 2010 (6).

[158] 姚伟达. 网络群体性事件: 特征、成因及应对 [J]. 理论探索, 2010 (4).

[159] 黄蜺, 郝亚芬. 社会心理学视阈下的网络群体性事件 [J]. 电化教育研究, 2010 (7).

[160] 崔建莉. 网络群体性事件初探 [J]. 新闻爱好者, 2010 (15).

[161] 申琦. 论网络群体性事件中的公共议题管理 [J]. 现代传播 (中国传媒大学学报), 2010 (10).

[162] 郭晓桢. 论网络舆论引导与群体性事件预防 [J]. 东岳论丛, 2010 (9).

[163] 黄月琴. 网络群体性事件中的网络舆论疏导与媒体责任 [J]. 湖北大学学报 (哲学社会科学版), 2010 (5).

[164] 范国华, 贾晓娜. 网络群体性事件的预警机制 [J]. 人民论坛, 2010 (32).

[165] 陈强, 徐晓林. 网络群体性事件演化要素研究 [J]. 情报杂志, 2010 (11).

[166] 游志斌. 议题管理视角下的网络群体性事件防范 [J]. 吉首大学学报 (社会科学版), 2010 (5).

[167] 乐国安, 薛婷, 陈浩. 网络集群行为的定义和分类框架初探 [J]. 中国人民公安大学学报 (社会科学版), 2010 (6).

[168] 张莉. 网络群体性事件中的政府责任 [J]. 理论导刊, 2010 (12).

[169] 叶敏. 互联网与中国民主政治发展: 机遇与挑战 [J]. 前沿, 2010 (23).

[170] 廖建春. 论网络热点案件 [J]. 中国人民公安大学学报

（社会科学版），2009（5）.

［171］汪建昌．网络群体性事件：舆论生成与政府决策［J］．中州学刊，2009（6）.

［172］师曾志．沟通与对话：公民社会与媒体公共空间——网络群体性事件形成机制的理论基础［J］．国际新闻界，2009（12）.

［173］单光鼐：2009年群体性事件新特点［J］．瞭望，2009（50）.

［174］葛琳．网络舆论与网络群体性事件［J］．新闻爱好者，2008（9）.

［175］揭萍，熊美保．网络群体性事件及其防范［J］．江西社会科学，2007（9）.

［176］颜廷昆．新媒体环境下网络舆论的演变规律［J］．青年记者，2011（35）.

［177］李弼程，林琛，郭志刚．突发事件网络舆情研究探讨［J］．情报杂志，2010（7）.

［178］高恩新．互联网公共事件的议题建构与共意动员：以几起网络公共事件为例［J］．公共管理学报，2009（4）.

［179］刘琼．网络动员的作用机制与管理对策［J］．学术论坛，2010（8）.

［180］娄成武，刘力锐．论网络政治动员：一种非对称性态势［J］．政治学研究，2010（2）.

［181］瑗瑗．微博舆论的形成机制及特点分析［J］．新闻界，2010（6）.

［182］任孟山，朱振明．试论伊朗“Twitter 革命”中社会媒体的政治传播功能［J］．国际新闻界，2009（9）.

［183］陈然．网络论坛舆论领袖的识别与筛选——对凯迪社区的实证研究［J］．当代传播，2010（2）.

三、网络文献

[1]“两高”公布关于办理利用信息网络实施诽谤等刑事案件适用法律若干问题的解释［EB/OL］. 人民网，2013－09－09.

[2] 历次中国互联网络发展状况统计报告［EB/OL］. 中国互联网信息中心，2019－08－30.

[3] 国务院关于加快推进“互联网＋政务服务”工作的指导意见［EB/OL］. 中国政府网，2016－09－29.

[4] 政务信息资源共享管理暂行办法［EB/OL］. 中国政府网，2016－09－19.

[5] 国务院办公厅关于进一步加强政府信息公开回应社会关切提升政府公信力的意见［EB/OL］. 中国政府网，2016－09－19.

[6]《关于全面推进政务公开工作的意见》实施细则［EB/OL］. 中国政府网，2016－11－15.

[7] 中共中央网络安全和信息化委员会办公室，中华人民共和国国家互联网信息办公室［EB/OL］. 关于加强国家网络安全标准化工作的若干意见，2016－08－22.

[8] 中共中央网络安全和信息化委员会办公室，中华人民共和国国家互联网信息办公室［EB/OL］. 即时通信工具公众信息服务发展管理暂行规定，2014－08－07.

[9] 中共中央网络安全和信息化委员会办公室，中华人民共和国国家互联网信息办公室［EB/OL］. 即时通信工具公众信息服务发展管理暂行规定，2015－04－28.

[10] 中华人民共和国国家新闻出版广电总局［EB/OL］. 关于在新闻网站核发新闻记者证的通知，2016－03－01.